Het Complete Duitse Herders Handboek

David Daigneault

www.lpmedia.org

Publicatiegegevens

David Daigneault

Het Complete Duitse Herders Handboek---- Eerste editie.

Samenvatting: "Een Duitse Herder succesvol grootbrengen van puppy tot op hoge leeftijde" --- Verstrekt door de uitgever.

ISBN: 979-8-89818-001-0

[1. German Shepherds --- Non-fictie] I. Titel.

Dit boek is geschreven met de uitdrukkelijke bedoeling om nauwkeurige en gezaghebbende informatie te verstrekken met betrekking tot het behandelde onderwerp. Hoewel bij de voorbereiding van dit boek alle redelijke voorzorgsmaatregelen zijn genomen, wijzen de auteur en uitgever uitdrukkelijk alle verantwoordelijkheid af voor eventuele fouten, omissies of nadelige gevolgen die voortvloeien uit het gebruik of de toepassing van de informatie in dit boek. De technieken en suggesties dienen naar eigen inzicht van de lezer te worden gebruikt en mogen niet worden beschouwd als vervanging voor professionele diergeneeskundige zorg. Als u een medisch probleem bij uw hond vermoedt, raadpleeg dan uw dierenarts.

Ontwerp door Sorin Rădulescu
Eerste Nederlandse editie, 2025

Voor Cody,
bedankt voor de levenslessen -

INHOUDSOPGAVE

INLEIDING: 9

HOOFDSTUK 1
De Saga van de Duitse Herder 10
Oorlogshonden 11
De Duitse Herder Nu 14

HOOFDSTUK 2
Is de Duitse Herder geschikt voor jou? 18
Beweging 19
Verzorging 20
Opvoeding en Training 20
Kwaliteitstijd 21
Leefruimte 21
Kosten 22
Motivatie 22
Kopen of Adopteren 23
Kopen bij een Fokker 24
De Beslissing 26

HOOFDSTUK 3
Het Duitse Herder Stigma 28
Het Stigma Tegengaan 31

HOOFDSTUK 4
Voorbereidingen Treffen 34
De Plek voor je Pup Voorbereiden 35
De Bench 35
Een Fout die Ik Maakte 36
Gevaren in Huis 37
Puppy-proofing van je Terrein 38
Kinderen en Andere Huisdieren Voorbereiden 40

HOOFDSTUK 5

De Thuiskomst **42**

Op Weg naar Huis 43

De Eerste Nacht 45

Bedtijd 46

Benodigdheden 47

Dierenartsbezoeken 49

Hands-on 49

De Praktische Zaken 50

Training van de Kleine 51

Puppyklas 52

De Bank Breken? 53

Initiële Aanschafkosten van de Puppy 53

HOOFDSTUK 6

Een Trotse Puppyouder Zijn **57**

Bench Controverse 58

Bench Cultuur 59

De Eerste Paar Weken 60

Kauwen & Bijten 60

Tandjes Wisselen 60

Grommen & Blaffen 61

Graven en Graven en Graven 62

Verlatingsangst 63

Snelle Tips voor het Omgaan met Verlatingsangst 65

Alleen Thuis 66

Bedtijd voor Beestachtige Jongen 67

HOOFDSTUK 7

Zindelijkheidstraining **68**

Het perfectioneren van de zindelijkheidsprestaties 69

Zindelijkheidstaal 71

Puppykamer herzien 72

Een papieren zaak opbouwen 72

Deuren openen 73

Het tijdsbestek 74

HOOFDSTUK 8

Het Sociale Dier 75
Focus op het Positieve 77
Positieve Voorbereidingen 77
Hondengedrag 79
De Hele Bende Is Er 79
Spelen met de Grote Jongens 80
Poesjes 82
Aangenaam Kennis te Maken 83
Vreemdelingengevaar? 85

HOOFDSTUK 9

Waarom Kunnen We Niet Gewoon Allemaal Overweg? 88
De Roedelmentaliteit 89
De Roedeltheorie Doorgeprikt 90
De Echte Wereld 90
De Echte Wereld: Deel 2 92
Dubbele Problemen? 92
Wie Liet de Honden Uit? 93
Van Koers Veranderen 94

HOOFDSTUK 10

Je Bewegingsopties 96
Babystapjes 97
Volwassen Mambo 101

HOOFDSTUK 11

Wie traint wie? 104
Principes voor vooruitgang 105
Verschillende methodes 106
Voordelen van lichaamstaal 106
Clickertraining 107
Clicklokkertje 109
De persoonlijke aanpak 109
Trainingstechnieken om over na te denken 110

HOOFDSTUK 12

Commando's Uitvoeren 112
Naamherkenning 112
Laat Los 116

HOOFDSTUK 13

Honden met een baan 126

SAR-honden 127

Schutzhund 128

Persoonlijke bescherming 128

Speurhonden 129

Therapiehonden 131

Hulphonden 131

Agility-training 132

Exterieurtraining 132

Herderswerk-training 133

HOOFDSTUK 14

Ongewenst Gedrag: Wie is er Stout? 134

Wie is er Stout? 134

Stoute Meiden, Wat Ga Je Doen? 137

Onderbrekingscommando 137

Wacht op Mij 138

Gedachtenversmelting 138

Trigger Vinger 139

Roep de Experts In 140

HOOFDSTUK 15

De Wijde Wereld In 142

Voorbereidingen voor Vertrek 143

Vluchtplan 144

Pension Overwegingen 147

Thuisblijven 149

Het Beste voor het Laatst 150

HOOFDSTUK 16

Het Ontbijt van een Hond 151

Wat Is een Uitgebalanceerd Dieet? 151

Het Basisdieet 152

Een Rauwe Deal 155

BARF-aanhangers 156

Gewichtscontroleurs 158

Vetfeiten 158

Een Stap Vooruit 159

Rustig Aan 160

HOOFDSTUK 17

Herdershondensalon 162
Duitse Verharers 163
Ga Ermee Om 163
Gereedschap van het Vak 164
De Zeldzame Bader 164
Kniptips 166
Tandverzorging 166
De Ogen Hebben Het 169
Speel Het Op Het Gehoor 169

HOOFDSTUK 18

Basale Gezondheidszorg voor de Duitse Herder 170
Aanbevelingen van de Raad van Beheer 170
Vaccinose 171
Wat Plaagt Je? 171
Vlooienziekte 171
Wormen en Parasieten 175
Parasieten Vervolg 177
Steriliseren, Castreren of Intact 177
Je Kansen Spreiden 179

HOOFDSTUK 19

Uitdagingen voor de Oudere Hond 181
Verzorgingsuitdagingen 182
In Leven Blijven 186
Voeding Eerst 186
Klimaatbeheersing 187
De Straat Op 188
Het is een Gemoedstoestand 188
Je Duitse Herder Verzorgen & Dierenartsgesprekken 189
Ouderdomskwalen 189
Kwaliteit van Leven 191
Laat Het Gebeuren 194

INLEIDING:

Tijd voor volledige openheid. Ik ben geen hondentrainer of fokker. Mijn professionele kwalificaties bestaan simpelweg uit mijn jarenlange liefde voor honden en een vijfjarige intensieve studie. Vijf jaar waarin ik mijn Duitse Herder, Cody, heb begeleid van een onzekere pup van acht weken tot zijn huidige ambitieuze volwassen leeftijd van vijf jaar en nog steeds tellend.

Een hond bezitten is een levenslange verbintenis, en als onderdeel van die verplichting vind ik het belangrijk om mijn kennis met zoveel mogelijk mensen te delen. Een deel van mijn hondenkennis komt uit de harde leerschool. Mijn vrouw en ik hebben onderweg fouten gemaakt. Duitse Herders kunnen koppig zijn; ze hebben zeker een eigen wil en ze aarzelen niet om zelf een beslissing te nemen als jij dat niet doet. Er zijn dus een paar dingen om in gedachten te houden terwijl je dit boek doorneemt. Je Duitse Herder zal alleen weten wat jij hem hebt geleerd, goed of slecht. Als je het aan hem hebt overgelaten om zichzelf te vermaken en hij graaft gaten in de tuin, is dat niet zijn schuld, maar die van jou. Een deel van mijn kennis komt van trainers, andere hondeneigenaren, en ja, zelfs boeken. Wanneer je besluit om een Duitse Herder pup naar huis te halen, maak je dan klaar voor de rit van je leven. Ze zullen van je houden en ze zullen je nooit verlaten. Wat kun je nog meer wensen?

Onthoud dat een van de beste eigenschappen van een hond zijn kijk op de wereld is. Voor je viervoeter is elke dag een nieuwe dag. Er is een frisheid en een gretigheid om de voordeur uit te gaan en de wereld te verkennen. Het kan voor jou elke dag op hetzelfde pad lijken, maar voor je hond is het een hele wereld van geuren, beelden en geluiden om te ontdekken die er gisteren niet waren. Een konijn rent over het pad en je hond zal erachteraan jagen alsof hij er nog nooit een heeft gezien.

Dit alles is een manier om te zeggen dat honden een compleet ander perspectief bieden op het leven. Ze nodigen je uit om in het moment te leven. Ze genieten van wat er nu gebeurt en maken zich geen zorgen over de hypotheek of het project op je werk waar je achterloopt. Ze hebben geluk dat ze niet hoeven te leren om zo te zijn, het komt gewoon van nature bij hen. Dus de volgende keer dat je buiten bent, wandelend met je hond, probeer dan alles wat je omringt door hun ogen te bekijken. Het zal je ontzettend goed doen.

De goede herdershond kent zijn baasje bijna beter dan zichzelf en moet zich inderdaad verbazen over het gebrek aan het omgekeerde.

Max von Stephanitz

HOOFDSTUK 1
De Saga van de Duitse Herder

Foto:
Nanc Schutte

Zoals de naam al aangeeft, werden Duitse Herders oorspronkelijk gefokt als werk- en herdershonden. De man die de eer krijgt voor het vestigen van de Duitse Herder als een apart ras is een innovatieve denker genaamd Max von Stephanitz. Deze hondenliefhebber en voormalig kapitein van de Duitse cavalerie bezocht eind 1800 een hondenshow waar hij verliefd werd op een geel-zwarte kwispelaar. Von Stephanitz geloofde sterk dat honden taken moesten hebben. Hij hechtte ook veel waarde aan regels en orde. Hij zag potentieel in Hektor, zoals deze baanbrekende hond toen heette, en kocht hem ter plekke. Von Stephanitz werkte al jaren aan een coöperatief fokprogramma dat streefde naar uniforme werkhondenlijnen in Duitsland. Hij had daarbij beperkt succes geboekt. Met andere woorden: hij probeerde een vrijgevochten bezigheid – voor sommigen slechts een hobby – om te vormen tot een erkend beroep. Als je me de ketterij vergeeft van een kattenmetafoor in een hondenboek: wat von Stephanitz probeerde, was als katten hoeden. Toen hij Hektor zag, wist hij dat hij zijn ultieme prototype had gevonden. Hektor was ongeveer 63 centimeter hoog op de schoft (bovenkant van de schouder) en lijkt zeker op de hedendaagse Duitse Herder, maar als je naar foto's van hem kijkt, zou je bijna wat wolf in zijn achtergrond vermoeden. Dat is misschien niet zonder reden, want er gaat een hardnekkig gerucht dat Hektor wolfsbloed in zijn stamboom had.

Hektor zou later een naamsverandering ondergaan naar iets wat romantisch passender was voor een dekreu. Hij werd Horand von Grafrath en vormde het middelpunt van een fokprogramma dat de nadruk legde op fysieke kracht, intelligentie en loyaliteit. Von Stephanitz richtte vervolgens de Verein für Deutsche Schäferhunde op, die richtlijnen voor de rasstandaard vaststelde. Horand von Grafrath kreeg de eer om de eerste geregistreerde "Deutsche Schäferhunde" te worden. En nog één ding: Von Stephanitz waardeerde vasthoudendheid. Die eigenschap, gecombineerd met de rest van het genetische pakket, maakte Duitse Herders de ideale hond voor de volgende fase van hun ontwikkeling. Ze zouden oorlogshonden worden.

Oorlogshonden

De Eerste Wereldoorlog. De oorlog die alle oorlogen zou beëindigen, zoals hij ironisch genoeg werd genoemd. Duitse Herders maakten deel uit van het Duitse leger toen de vijandelijkheden in 1914 begonnen. Het gebruik van deze honden was nieuw en was voorgesteld door, je raadt het al, kapitein Max von Stephanitz. De honden vervulden verschillende rollen tijdens het bloedige conflict, waaronder het overbrengen van berichten, het dragen van munitie en het bewaken van posten. Het Rode Kruis gebruikte Duitse Herders ook als gewondenhonden, om gewonde soldaten te vinden in de chaos van de strijd. De eigenschappen kracht, intelligentie en onverschrokkenheid – al zo lang bewonderd door von Stephanitz – maakten de Duitse Herder tot het ideale militaire dier, geschikt om te dienen in een dodelijke omgeving vol oorverdovend lawaai, gevaar en voortdurende onrust. Sommige schattingen geven aan dat tegen het einde van de Grote Oorlog meer dan vijftigduizend honden waren ingezet door zowel de Duitsers als de geallieerde mogendheden.

Aan het einde van de vijandelijkheden in 1918 werkten alle drie de grote spelers van die tijd - de Duitsers, Britten en Amerikanen - aan individuele programma's om specifieke rollen voor Duitse Herders te ontwikkelen en ze te integreren in het werkende leger. Dit is ook de tijd waarin, vanwege de grote bekendheid van de Duitse Herder tijdens de oorlog, de populariteit van het ras een vlucht nam. Niets weerspiegelt de affiniteit van het Amerikaanse publiek met de Duitse Herder beter dan de filmfenomenen Rin Tin Tin en Strongheart.

Strongheart was een oorlogsslachtoffer, net zoals veel mensen na 1918. De grote, mannelijke Duitse Herder had tijdens het conflict gediend bij het Duitse Rode Kruis, maar zijn eigenaar, die na de vijandelijkheden berooid was, kon het zich niet veroorloven om hem te houden. Gelukkig had Stronghearts eigenaar een vriend in New York die een kennel had, dus werd Strongheart naar hem verscheept. Net als veel menselijke filmsterren werd Strongheart 'ontdekt' door een filmregisseur en maakte uiteindelijk zes populaire avonturenfilms in de vroege jaren twintig. Strongheart stierf in 1929, maar niet voordat hij de Duitse Herder in de dromen en verbeelding van talloze bioscoopbezoekers had gebracht.

Strongheart was misschien de eerste filmhond, maar hij zou al snel worden overschaduwd door een nog groter hondentalent. Waarschijnlijk kreeg Rin Tin Tin zijn grootste doorbraak toen hij als puppy werd ge-

11

Stronheart

red door een Amerikaanse soldaat in Frankrijk tijdens de Eerste Wereldoorlog en later mee werd genomen naar Californië. Rin Tin Tin en zijn baasje, Lee Duncan, vonden al snel hun weg naar de stomme films. Tegen het einde van de jaren '20 verdiende Rinty, zoals Duncan zijn harige metgezel liefkozend noemde, meer dan vijfduizend dollar per week en had hij een privékok. De viervoetige filmacteur stierf in 1932, maar had toen al meer dan vijfentwintig films op zijn naam staan en was de hoofdrolspeler in zijn eigen radioshow, toepasselijk getiteld 'The Wonder Dog'.

Toen de Tweede Wereldoorlog uitbrak, stonden honden, en vooral Duitse Herders, midden in de actie. Hoewel ze door beide partijen in het conflict werden ingezet, is het misschien het grimmige beeld van het naziregime – met zijn geheime politie, de Gestapo, die mensen oppakte met behulp van woeste, blaffende Duitse Herders – dat in veel verbeeldingen is verankerd. Dit is wellicht ook het moment waarop het stereotype van de 'Grote Boze Duitse Herder' ontstond, dat nog steeds bij ons is. Meer daarover in Hoofdstuk Drie, Het Stigma van de Duitse Herder.

Een van de meest verbazingwekkende verhalen over heldhaftige honden uit de Tweede Wereldoorlog draait om het 13e Parachutistenbataljon van het Britse leger. Ze hadden een hond genaamd Bing, een kruising met een Duitse Herder. Bing was afgestudeerd aan de British War Dog Training School en had geleerd om uit vliegtuigen te springen met zijn parachute. Deze 'pa-

Rin Tin Tin

ra-hond' sprong op D-Day in
Frankrijk de strijd in. Zijn spe-
cialiteiten waren het lokalise-
ren van mijnenvelden en het
kunnen opsporen van verbor-
gen vijandelijke soldaten. Bing
overleefde de oorlog en kreeg
de hoogste Britse onderschei-
ding voor dieren die 'opvallende
dapperheid' hebben getoond.

Er zijn veel ontroerende
oorlogshondenverhalen uit de
Tweede Wereldoorlog, maar er
is er nog minstens één die het
vermelden waard is. Een andere kruising met een Duitse
Herder, genaamd Chips, dien-
de bij de Amerikaanse troepen
tijdens de invasie van Sicilië in
1943. De onverschrokken hond

Duitse Herder in WOII

viel een machinegeweernest aan, beet de Duitse soldaten daar en gooide het machinegeweer van zijn standaard. Alle Duitsers ter plaatse ga-
ven zich over aan het Amerikaanse leger en Chips kwam er met lich-
te verwondingen vanaf. De dappere hond werd later aanbevolen voor
verschillende militaire onderscheidingen, waaronder de Silver Star en
een Purple Heart. En nog een laatste weetje over Chips: toen generaal
Dwight Eisenhower – destijds Opperbevelhebber van de Geallieerden in
Europa – zich vooroverboog om hem een feliciterende aai te geven, beet
oorlogshond Chips de militair, zoals hij blijkbaar was getraind te doen bij
vreemden die hem benaderden. In ieder geval kwam Chips ermee weg
dat hij de hand beet die hem voedde.

Na twee wereldoorlogen was de populatie Duitse Herders en hun eigenaren in Duitsland gedecimeerd. Het kostte fokkers daar jaren van inspanning om een hondenpopulatie terug te brengen die de eigenschappen vertoonde waar von Stephanitz zo onvermoeibaar aan had gewerkt.
Ondertussen bleef de populariteit van het ras in Noord-Amerika explo-
sief stijgen. 'The Adventures of Rin Tin Tin' domineerde de televisie van
1954 tot 1959. De Duitse Herder stond in de jaren '50 in de top tien van
populaire honden. Met al deze roem en glorie kwamen echter andere
problemen. Terwijl Europese fokkers de door von Stephanitz opgestel-
de richtlijnen hadden gevolgd, hadden Amerikaanse fokkers dat niet gedaan. Dit betekende dat Noord-Amerikaanse fokkers zich gingen richten
op het uiterlijk van de hond, met grotere lichamen en aflopende ruggen

Foto:
Ashni Rana

die goed scoorden op shows, terwijl Europese fokkers de nadruk bleven leggen op fysieke kracht, intelligentie en loyaliteit. Het verschil in benadering leidde uiteindelijk tot de twee werelden van de Duitse Herder die we vandaag de dag kennen.

De Duitse Herder Nu

Hoewel velen van ons naar een hond kijken en zeggen "oh, dat is een Duitse Herder", is het in de wereld van de Duitse Herder iets ingewikkelder dan dat. In feite worden er vijf verschillende lijnen van Duitse Herders onderscheiden, elk met hun eigen uiterlijk en temperament. Als je op zoek bent naar een puppy, wil je misschien dieper ingaan op de specifieke achtergrond van de fokker met wie je te maken hebt. Op basis van de verschillende lijnen en de specifieke betrokkenheid van de fokker zou zij je moeten kunnen vertellen wat de fysieke kenmerken van je puppy als volwassen hond zullen zijn en ook wat de 'instelling' van de hond zal zijn. Ze kunnen bijvoorbeeld worden gekarakteriseerd als een 'gezinshond' met 'gemiddelde drive'. Ik zal mijn eigen Duitse Herder, Cody, als voorbeeld gebruiken. Hij komt van een fokker die gespecialiseerd is in honden met langere vacht, met grote vierkante koppen en een rustiger karakter. De fokker karakteriseert Cody als een hond met het uiterlijk van een ouderwetse 'Schäferhund' met een rechte rug en benadrukt het gebruik van geïmporteerde honden in haar fokprogramma. Laten we Cody's uiterlijk vergelijken met de eerste van de vijf Duitse Herder-lijnen op onze lijst.

Amerikaanse showlijnen

Deze lijn honden krijgt behoorlijk wat kritiek. Ze zijn voornamelijk gefokt voor shows en de dieren hebben een veel smallere kop dan hun Europese tegenhangers. Misschien is het meest onderscheidende kenmerk wel het sterk hellende achterwerk, iets wat hondenexperts 'angulatie' noemen. In theorie zal bij goed gefokte dieren het temperament kalmer zijn dan bij een werklijn, met wat minder energie, wat ze mogelijk geschikter maakt als gezinshond. De kritiek op deze lijn Duitse Herders is dat ze overmatig zijn gefokt op showkenmerken, wat heeft geleid tot gezondheidsproblemen die het leven van een hond voortijdig kunnen verkorten. Twee van de grootste problemen zijn heup- en elleboogdysplasie. Dysplasie treedt op wanneer de gewrichten zich niet goed vormen, waardoor ze gedeeltelijk kunnen ontwrichten. Dit is voornamelijk een genetische aandoening. Willekeurige en 'achtertuinfokkerij' gericht op winst en niet op het welzijn van het dier heeft ook het imago van de Duitse Herder in Noord-Amerika geschaad. De Amerikaanse showlijn hond zal zwaarder en groter zijn dan de Europese honden.

Tsjechische werklijnen

Deze honden komen uit wat toen bekend stond als Tsjechoslowakije (nu de Tsjechische Republiek en Slowakije). Deze tak van Duitse Herders heeft een donkerdere, uniforme kleur waarbij zwart, bruin en grijs overheersen. Hun oren lijken klein vergeleken met de radarachtige aanhangsels die bij sommige Noord-Amerikaanse honden te zien zijn. Tsjechische werklijn Duitse Herders hebben een grote behendigheid en een krachtige bouw. Ze werden oorspronkelijk gebruikt voor grensbewaking en beveiliging. Ze hebben rechte ruggen en vertonen een hoog energieniveau.

Oost-Duitse DDR-werklijnen

De Tsjechische honden en Oost-Duitse herders hebben nauw verwante genetica, maar er zijn enkele verschillen. De DDR-lijn honden is meestal donker van kleur, met wat rood. Ze hebben grote koppen, een brede borst en een hoog uithoudingsvermogen. Na de Tweede Wereldoorlog, toen Duitsland werd opgedeeld, nam de communistische staat de controle over de fokkerij en registratie van Duitse Herders in hun rechtsgebied over. Ze werden rigoureus gefokt als werkhonden die in staat waren tot lange beveiligingsdiensten, waaronder het opsporen en aanvallen van mensen die probeerden te vluchten uit Oost-Duitsland.

West-Duitse werklijnen

Deze lijn van de Duitse Herder-familie komt uit wat het naoorlogse West-Duitsland was. Net als hun DDR-tegenhangers werden ze gefokt voor bewaking en werk met de strijdkrachten en wetshandhaving. De kleur varieert, maar ze kunnen zadelvormige aftekeningen hebben met zwart en tan, misschien met wat rood. Hun achterhand zal niet vlak zijn en zal enige angulatie hebben, maar niet in de mate van hun Noord-Amerikaanse neven. Hun drive is misschien niet zo hoog als die van de oostelijke Herders.

West-Duitse showlijnen

Deze honden zijn niet zo donker in hun kleuring als hun oostelijke neven en hebben over het algemeen een zadelvormig patroon, meestal met overwegend zwart en rood. Hun rug zal enigszins hellen. Ze zijn over het algemeen gezonder dan de Amerikaanse honden vanwege de richtlijnen van de Verein für Deutsche Schäferhunde die de nadruk leggen op heup- en elleboogcertificering bij fokhonden. Ze hebben een wat gedrongener bouw en hun gezichten zullen niet zo smal zijn als bij Noord-Amerikaanse Herders.

- Gemiddeld variëren mannelijke Duitse Herders van 60 tot 65 centimeter op de schouder en wegen ze tussen de 30 en 40 kilo.
- Gemiddeld variëren vrouwelijke Duitse Herders van 55 tot 60 centimeter op de schouder en wegen ze tussen de 22 en 32 kilo.

Dus, na al deze achtergrondinformatie blijft de vraag: hoe is een Duitse Herder? Hoe zullen ze zich in je huis gedragen? Als hondeneigenaar kan ik je vertellen dat hoe je hond zich gedraagt, voornamelijk aan jou ligt. Als je de tijd hebt genomen en de opvoeding van je hond hebt versterkt, zal je Duitse Herder zich zo goed gedragen als jij wilt. Als we wat dieper graven, kunnen we enigszins generaliseren over het ras, maar je moet de genetische aanleg van de verschillende lijnen Duitse Herders die we zojuist hebben besproken in gedachten houden. Met andere woorden, doe je onderzoek. Je kunt nooit te veel lezen over het hondenras waarover je nadenkt en je kunt nooit te veel vragen stellen. In het geval van de Duitse Herder is de foklijn ook belangrijk. Als een fokker terughoudend is om vragen te beantwoorden, is het misschien tijd om naar een andere fokker te zoeken.

Duitse Herders zijn niet zoals andere honden die je zou kunnen aanschaffen. Ze zijn slim, ze willen leren, ze hebben grenzeloze energie en ze willen veel van je tijd. Als je niet met dat pakket kunt omgaan, neem dan geen Duitse Herder. Ik zie elke dag advertenties van mensen die proberen hun Duitse Herder te 'herplaatsen' omdat ze er geen tijd aan kunnen besteden, of omdat hun omstandigheden zijn veranderd en ze de hond niet langer kunnen houden. Voor mij is dat alsof ze zeggen dat ze het zich niet langer kunnen veroorloven om een familielid te voeden en dat die moet vertrekken. Denk lang en goed na over je beslissing om een grote, veeleisende hond zoals een Duitse Herder te nemen. Als je besluit er een te nemen om alle juiste redenen, zul je een partner en beste vriend voor het leven hebben. In het volgende hoofdstuk geef ik je een aantal zaken om over na te denken die je zullen helpen bij het nemen van je hondenbeslissing.

HOOFDSTUK 2
Is de Duitse Herder geschikt voor jou?

"Veel te vaak zie ik mensen een Duitse Herder aanschaffen omdat hun buurman of vriend er een had die ze erg leuk vonden, of omdat ze hun uiterlijk prachtig vinden, of omdat ze zijn gevallen voor de verhalen over hun moed. Maar je moet echt goed onderzoek doen naar dit ras. Je moet hun behoeften begrijpen en nagaan of ze werkelijk in jouw levensstijl passen. Bereid je voor op een slimme hond die over je heen zal lopen als hij merkt dat je niet consequent bent. Ze moeten werken en een taak hebben, het is een werkras en als zodanig kunnen ze doordraaien en destructief worden als ze niet voldoende beweging krijgen."

Celeste Schmidt
Dakonic Duitse Herders

Er zijn weinig dingen leuker dan een volledig gesocialiseerde, goed getrainde Duitse Herder. Dit ras is knap, intelligent, loyaal, beschermend, atletisch, humoristisch en creatief. Ze zijn uitstekende metgezellen en Duitse Herders worden nooit moe van je gezelschap. Dat zijn slechts enkele van de dingen die ze je geven. In ruil daarvoor hebben ze een aantal basisbehoeften om goede hondse burgers te worden. Daar moet je iets voor terugdoen. Laten we eens kijken waar je over moet nadenken voordat je die cruciale stap zet om een Duitse Herder in huis te halen. Ja, puppy's zijn schattig en iedereen houdt van die kleine rakkers, maar ze blijven niet lang zo. Al snel heb je een hond van zo'n 36 kilo in huis die naar jou kijkt voor begeleiding.

Foto:
Carrie Anderson

Hoeveel tijd heb je om aan je hond te besteden? Dit zijn enkele zaken waar je serieus over moet nadenken voordat de H-dag, of hondendag, aanbreekt. Laten we eens kijken of je de druk aankunt.

Beweging

Een Duitse Herder is niet tevreden met de hele dag rondhangen in huis. Ze hebben stimulatie en beweging nodig. Elke dag. Bij ons thuis gaat mijn hond Cody minimaal vijf keer per dag naar buiten. Twee van die wandelingen duren minstens dertig minuten of langer. Sommige wandelingen omvatten balspelletjes zoals 'voetbal', absoluut zijn favoriete sport. De hond gaat naar buiten, regen, sneeuw, ongeacht het weer. Duitse Herders kunnen tegen de meeste weersomstandigheden, dus dat betekent dat je bereid moet zijn om meerdere keren, regelmatig, bij alle weersomstandigheden naar buiten te gaan. Dat is slechts een deel van het bewegingspakket. Een hond die veel beweging krijgt en aan het eind van de dag moe is, is een goede hond. Fysieke inspanning is echter niet het enige type inspanning dat je hond nodig heeft. Mentale inspanning is ook noodzakelijk voor je huisdier. Het herhalen van commando's, balspelletjes en het leren van nieuwe trucjes dragen allemaal bij aan het vermoeien van je hond. Als jij en je gezin je niet kunnen verbinden aan een adequate minimale hoeveelheid fysieke en mentale inspanning, overweeg dan geen Duitse Herder.

Verzorging

Je pup is misschien een wonderhond, maar er zijn dingen die ze niet zelf kan doen. Je hond moet eenmaal per dag worden geborsteld. Dat helpt bij het verwijderen van overtollig haar, en als je Duitse Herder een langere vacht heeft, voorkomt het klitten. Uit mijn ervaring heeft dit ras niet veel badtijd nodig. Sterker nog, minder is meer, omdat je de essentiele oliën die de huid van een hond gezond houden niet wilt verwijderen. Twee of drie keer per jaar is meer dan voldoende, tenzij ze in aanraking zijn gekomen met onvriendelijk wild, zoals stinkdieren. Je moet voorbereid zijn op het toedienen van medicatie tegen hartworm, vlooien en teken wanneer nodig. Regelmatig tandenpoetsen is een must. Honden zijn gevoelig voor tandsteenopbouw en als je het uit de hand laat lopen, is een bezoek aan de dierenarts noodzakelijk. Over dierenartsen gesproken, een jaarlijkse controle is minimaal verplicht voor je Duitse Herder. Je zult vrijwel zeker vaker op bezoek gaan als je hond nog een puppy is. Een huisdierenverzekering is daarom zeer verstandig.

Opvoeding en Training

Je zou waarschijnlijk een puppytrainingscursus op je agenda moeten zetten. Dat zal niet alleen helpen bij het socialiseren van je jonge hond, maar het geeft je ook goede gewoonten die je in je dagelijkse schema kunt inbouwen. Je zult de leider moeten zijn voor zover het je hond betreft. Duitse Herders houden je altijd in de gaten, op zoek naar aanwijzingen. Ze willen weten wat er van hen wordt verwacht en ze kijken naar jou voor richting. Onthoud dat ze perfect in staat zijn om zelf beslissingen te nemen als jij niet de leiding neemt. Je wilt misschien niet leven met de gevolgen als je Duitse Herder de touwtjes in handen neemt. Verdere training, in groepsverband of individueel, is een goed idee als je het je kunt veroorloven. Alles wat je in de les leert, moet worden doorgegeven aan gezinsleden voor versterking.

Kwaliteitstijd

Foto:
Andrea Liu

Je hond moet worden beschouwd als een deel van het gezin en heeft als zodanig zoveel mogelijk kwaliteitstijd nodig met zijn roedel. Hij zou naar de meeste plaatsen moeten gaan waar jij naartoe gaat. Vergeet niet dat er veel huisdier-vriendelijke winkels zijn die honden verwelkomen. Je Duitse Herder zou ook welkom moeten zijn om op het tapijt te liggen en met het gezin tv te kijken. Ik heb Cody meer dan eens betrapt terwijl hij aandachtig naar de actie op het scherm keek. Duitse Herders zijn mensenhonden en willen bij je zijn. Zorg er ook voor dat alle gezinsleden op één lijn zitten met het verwelkomen van je nieuwe gezinslid. Honden zijn geen goede cadeaus, dus geen Duitse Herders onder de kerstboom. Het helpt ook om iedereen eigenaarschap te geven als elk lid van het huishouden een hond-gerelateerde taak heeft. Noem het kwaliteitstijd met Rex.

Leefruimte

Je moet een geschikte woning hebben voor je hond. Hoewel ik verhalen heb gehoord over Duitse Herders die in appartementen wonen, zou ik suggereren dat dit niet de meest geschikte woonsituatie voor hen is. Ze hebben zowel binnen- als buitenruimte nodig. Een huis met een grote, omheinde tuin is wenselijk; een landelijk gelegen woning zou als een paradijs worden beschouwd. Als je huurt, onthoud dan dat huisbazen geen grote fans zijn van Duitse Herders. Neem geen Duitse Herder als je woonsituatie niet stabiel is en er mogelijk een verhuizing in je toekomst ligt. Duitse Herders houden van routine; ze willen graag weten wat ze kunnen verwachten. Kun je het ze kwalijk nemen?

Kosten

Duitse Herders zijn grote honden. Ze zijn ook een grote kostenpost. Je moet voorbereid zijn om de kosten voor je beste vriend te betalen. Het opstellen van een budget is een must. De lopende kosten voor je volwassen hond kunnen gemakkelijk meer dan tweeduizend euro per jaar bedragen en zelfs meer, afhankelijk van de gezondheid van het dier en het type voeding dat je Duitse Herder krijgt. Hierbij is geen rekening gehouden met opstartkosten die worden gemaakt in de beginperiode van het huisdierbezit, zoals speelgoed, een bench, lijnen, halsbanden en voer- en waterbakken. Ik zal de kosten later in hoofdstuk 5 voor je uitsplitsen.

Motivatie

Dit laatste gebied is het belangrijkste. Neem geen Duitse Herder omdat je denkt dat ze een goed macho-accessoire zouden zijn. Neem er wel een als je op zoek bent naar een hond die je als gezinslid zult liefhebben. Dat is voor het leven van het dier. Duitse Herders kunnen twaalf tot veertien jaar oud worden, dus er een in huis halen is geen kortetermijnverbintenis.

Foto:
Nicole Grethen

Kopen of Adopteren

"Persoonlijk vind ik dat zowel betrouwbare fokkers als betrouwbare opvangcentra honden aanbieden die aan ieders behoeften voldoen. Als betrouwbare fokker van de Duitse Herder zou ik mensen aanraden om temperament, energieniveau en drive die het beste bij hun behoeften passen, belangrijker te vinden dan de kleur en bloedlijnen van de hond."

Erika Martin
Century Farms

Huisdieroverpopulatie en overvolle asiels zijn een wijdverspreid probleem dat veel landen over de hele wereld treft. De situatie is bijzonder goed gedocumenteerd in Noord-Amerika, waar honderdduizenden honden elk jaar in asiels en opvangcentra terechtkomen. Veel van deze dieren lopen het risico geëuthanaseerd te worden, simpelweg omdat er niet genoeg huizen voor hen allemaal zijn. De omvang van deze crisis wordt geïllustreerd door statistieken van de American Society for the Prevention of Cruelty to Animals (ASPCA), die deze cijfers bijhoudt in de Verenigde Staten.

• Ongeveer 3,3 miljoen honden komen jaarlijks in het asielsysteem terecht

• 670.000 van deze dieren worden geëuthanaseerd

Veel honden die in asiels terechtkomen zijn rashonden, en als je naar asiellijstingen of opvangcentra in verschillende landen kijkt, zie je vaak behoorlijk wat Duitse Herdergezichten tussen hen. Volgens het onderzoek van de ASPCA naar asielpopulaties in de Verenigde Staten komen Duitse Herders vaak in asiels terecht om de volgende redenen.

• Problematisch gedrag

• Agressief gedrag

• Groter geworden dan verwacht

• Gezondheidsproblemen die de eigenaar niet aankon

Asielhonden zijn geen slechte honden; ze hebben gewoon geen erg verantwoordelijke eigenaren gehad. Helaas betalen de honden de prijs. Dus, als je op zoek bent naar een metgezel en geen specifieke eisen in gedachten hebt, dan is een geadopteerde hond misschien precies wat je zoekt. Typisch zijn adoptiekosten relatief goedkoop, misschien enkele honderden euro's voor een rashond. Maar als je dat vergelijkt met de

Foto:
Mika Lee

prijzen van fokkers van duizend euro of meer, zijn reddingsdieren meer dan betaalbaar. Het overwegen van een volwassen Duitse Herder uit een asiel geeft je de kans om de grootte van het dier te zien, haar persoonlijkheid in te schatten, misschien zelfs wat tijd met het dier door te brengen zodat je een gevoel kunt krijgen voor haar temperament. Dat zijn allemaal goede dingen die samenhangen met adoptie.

Er is één groot nadeel dat je moet weten. Je kunt nooit weten in hoeverre het vorige leven van het dier het heeft beïnvloed. Van scheidingsangst tot angst voor mannen (misschien vanwege misbruik). Wees erop voorbereid dat je geredde Duitse Herder wat extra geduld kan vereisen. Dus, als je adopteert, neem je wat onbekende factoren op je, maar als je überhaupt aan een Duitse Herder denkt, zou je een sterk genoeg individu moeten zijn om wat turbulentie aan te kunnen. Als je een Duitse Herder wilt en er zijn te veel van hen in het asielsysteem, dan kan het redden van zo'n hond wel eens de beste beslissing zijn die je ooit hebt genomen – voor jou én voor de hond.

Kopen bij een Fokker

Er is geen tekort aan fokkers. Helaas is er echter wel een tekort aan betrouwbare fokkers, dus het is belangrijk om je huiswerk te doen. Enkele zaken om te overwegen:

- Zorg ervoor dat je een contract ondertekent waarin de verplichtingen voor beide partijen worden vermeld.

- De fokker moet een gezondheidsgarantie bieden (met betrekking tot heup- en elleboogdysplasie).

- De fokker moet bereid zijn referenties te geven van mensen die pups bij haar hebben gekocht.

- Zijn de ouders te zien? De moeder (of teef) zou op zijn minst aanwezig moeten zijn.

- Beide ouders moeten officiële registraties hebben.

- Er zou een wachtlijst voor puppy's moeten zijn.

- Er zouden niet meer dan één of twee nesten per jaar geproduceerd moeten worden.

Tijdens mijn zoektocht naar een pup ging ik bijvoorbeeld naar hondenshows om met fokkers te praten en verschillende honden te bekijken. Je kunt ook contact opnemen met je lokale dierenarts om te zien of zij fokkeraanbevelingen hebben op basis van hun persoonlijke ervaring. Er zijn veel Duitse Herder clubs. Zelfs als er geen in jouw regio is, kan het contact opnemen en praten met een lid over je situatie een onschatbare bron van informatie voor je zijn. Mond-tot-mondreclame kan ook een goede bron van Duitse Herder-informatie zijn. Ik kom bijna elke week mensen tegen die Duitse Herders hebben en die maar al te graag foto's laten zien en vertellen bij welke fokker ze hebben gekocht. Een wandeling naar je lokale hondenlosloopgebied brengt je in een hondenomgeving die een eye-opener kan zijn en je ook in contact brengt met allerlei hondenliefhebbers.

Een van de allereerste dingen die ik deed in mijn hondenjacht, na talloze uren onderzoek, was het bezoeken van de fokker waar ik me op had gericht. Zorg ervoor dat je aandacht besteedt aan de thuisomgeving van de fokker. Controleer de conditie van de andere aanwezige honden en stel elke vraag die je kunt bedenken. Er zijn geen domme vragen. Onderzoek alle puppy's om te zien hoe goed ze worden verzorgd. Let op hoe levendig ze lijken te zijn en hoe gretig ze zijn om jou te onderzoeken. De fokker zou ook veel vragen voor jou moeten hebben. Ze zouden moeten zorgen voor het welzijn van hun pups en willen zeker weten dat ze naar geschikte huizen gaan. De fokker zou ook moeten aanbieden om je hond terug te nemen als je omstandigheden veranderen en je hem niet langer kunt houden.

De Beslissing

"Stel de fokker vragen over het temperament van de hond, welke training de ouders hebben gehad en welke titels hun honden hebben behaald. Het geeft je een goed idee van wat de temperamenten van de puppy zullen zijn. Vraag de fokker om een uitleg over het temperament van elk van de puppy's in het nest en welke puppy het beste past bij jouw levensstijl. Sommige puppy's zijn actiever, terwijl andere kalmer zijn."

Katie Halfen
Casamoko Shepherds

Als je je hart hebt gezet op een Duitse Herder en je hebt besloten om door te gaan, helpt het als je nadenkt over de hond die je wilt in plaats van zomaar een hond. Ik zal uitleggen wat ik daarmee bedoel. Nogmaals, ik zal mijn eigen ervaring gebruiken. Toen mijn vrouw en ik het hadden over het nemen van een puppy, wisten we dat we een gezinshond wilden, eentje met een sociaal karakter die we niet ergens zouden moeten opsluiten om bezoekers veilig te houden. Dus, toen we met onze fokker spraken, ontdekten we al snel dat zij haar honden fokte voor een "kalm, evenwichtig temperament" en om een "gezinsmetgezel" te zijn. Dat is wat we wilden.

Identificeer dus de kwaliteiten waar je gezin naar op zoek is. Denk aan de vijf lijnen van Duitse Herders waarover ik in hoofdstuk één sprak. Je kunt hier en in het buitenland fokkers vinden die Duitse Herders kunnen leveren met verschillende eigenschappen en drives. Als je wilt deelnemen aan wedstrijden, wil je misschien een Herder met een hogere drive. Het gaat er allemaal om waarom je de hond wilt en vervolgens de juiste fokker daarbij te vinden. Het kan enige tijd duren om de juiste kennel te vinden, maar neem je tijd en doe het goed. Onthoud, het is voor het leven.

HOOFDSTUK 3
Het Duitse Herder Stigma

Foto:
Jenny Bowden

Laat me dit hoofdstuk beginnen met een verhaal. Enkele jaren geleden waren mijn toen acht maanden oude Duitse Herder, Cody, en ik ingeschreven voor een gehoorzaamheidscursus voor jonge honden. Eens per week stapten we in de auto en reden we naar de dichtstbijzijnde kleine stad waar de lessen werden gegeven. Cody was, gelukkig, inmiddels over zijn wagenziekte heen. Hoe dan ook, er was een bepaalde dynamiek in de klas die ik pas na een paar weken volledig begon te begrijpen.

Eerst een beetje achtergrondinformatie. Mijn vrouw, Cody en ik wonen op een landelijk perceel van ongeveer twee en een halve hectare zonder andere honden in de buurt waarmee Cody kan socialiseren. Daarom zorgden we er altijd voor dat we hem meenamen naar plekken waar hij mensen en andere honden kon ontmoeten. Eén ding waar Cody nooit overheen is gekomen, is dat hij altijd een paar luide blafjes laat horen wanneer hij een nieuwe plek betreedt of ergens komt waar hij een tijdje niet is geweest. Of het nu bij de dierenarts is of in de dierenwinkel, het maakt niet uit. Een flinke blaf en dan tot rust komen. Min of meer.

Terug naar de gehoorzaamheidscursus. Na de eerste een of twee lessen, en de bijbehorende blafjes, werd mij gesuggereerd om Cody precies bij het begin van de les binnen te brengen, maar niet eerder, om de andere honden zo min mogelijk te storen. Cody's klasgenoten waren een mix van chihuahuas, golden retrievers en poedels. Hij was de grootste en luidste. Hij kalmeerde altijd naarmate de instructie vorderde omdat hij dan werk te doen had.

Na de tweede les merkte ik dat alle andere honden en hun baasjes zich aan de andere kant van de zaal opstelden, zo ver mogelijk bij Cody

28

vandaan. De lessen gingen zo door voor de vereiste acht weken. Toen ik informeerde naar de volgende, gevorderde cursus, werd mij beleefd verteld dat de andere eigenaren bang waren voor mijn hond en dat ze liever hadden dat ik niet meer naar de lessen zou komen. Later hoorde ik van een vriend die hielp bij het geven van sommige lessen dat Cody, omdat hij een "grote, luidruchtige, agressieve Duitse Herder" was, niet welkom was. Dat was mijn eerste kennismaking met wat ik het "Duitse Herder Stigma" noem. Waar komt dit stereotype vandaan en waarom bestaat het nog steeds? Dit is wat ik denk.

Sommige mensen zijn gewoon bang voor honden, vooral grote honden. Daar is geen twijfel over. Het woordenboek van Van Dale omschrijft cynofobie als een "ziekelijke angst voor honden". Sommige psychologen stellen dat wel 10 procent van de bevolking aan deze fobie lijdt. Maar ik denk dat het "Duitse Herder Stigma" dieper gaat dan dat. Voor veel mensen van de oudere generatie zijn Duitse Herders bijvoorbeeld "politiehonden", met de intimiderende reputatie die bij dat beeld hoort.

Natuurlijk heeft elke hond zijn dag. Grote honden, bedoel ik. Dobermanns zijn afgeschilderd als grommende, agressieve pestkoppen. Over Rottweilers werd geklaagd dat het gewelddadige schurken zijn. Meer recent zijn Pitbulls neergezet als bijtende bullebakken. Duitse Herders zijn echter anders. Door deze hele golf van grote, gevaarlijke honden die de maatschappij continu over ons heen lijkt te gieten, is het constante beeld van de grommende, bijtende Duitse Herder verweven.

Denk terug aan al die Tweede Wereldoorlog-films die je misschien hebt gezien. Concentratiekampen, krijgsgevangenenkampen met gewapende soldaten die de omtrek patrouilleren. Met honden. Wat voor honden? Nou, grote, gevaarlijke Duitse Herders natuurlijk. Snel vooruit naar het Oost-Europa van de Koude Oorlog en wie patrouilleerde er langs de grenzen om het communisme te beschermen tegen de democratie? Weer Duitse Herders. Duitse Herders hebben een indrukwekkende reputatie als waak- en beveiligingshonden en als uitstekende K-9 partners bij het leger en de politie. Dat imago werkt op veel manieren tegen het ras. Je kunt niet tegelijkertijd een stoere bewaker én een liefhebbende gezinshond zijn, toch? Fout!

Het blijkt dat Duitse Herders tegelijkertijd stoere bewakers én grote knuffelaars kunnen zijn. Dat weet ik. Ik vermoed dat jij dat ook weet als je een Duitse Herder in huis wilt halen om bij jou en je gezin te wonen. Dus, hoewel we weten dat er geen slechte honden zijn, alleen onverantwoordelijke eigenaren, en dat je niet een heel ras over één kam kunt scheren, gebeurt het toch. Broodje aap verhalen, het "Zwarte Hond Syndroom", noem het zoals je wilt, hebben ertoe geleid dat veel gemeenten en landen rasspecifieke wetgeving, oftewel BSL (Breed Specific Legislation), hebben ingevoerd. Dit soort wetgeving heeft meestal twee delen. BSL kan bestaan uit een volledig verbod op bepaalde rassen of beperkingen voor een bepaald type hond. Die beperkingen kunnen onder andere zijn:

- De hond moet een bepaald type halsband of ander identificatiemiddel dragen dat aangeeft dat zij een "agressieve en gevaarlijke" hond is

- Eigenaren zijn verplicht om een specifieke hoeveelheid aansprakelijkheidsverzekering af te sluiten

- De hond moet gesteriliseerd of gecastreerd worden

- Muilkorven zijn verplicht

- Waarschuwingsborden moeten worden geplaatst waar de hond woont

- Alleen bepaalde veilige lijnen mogen worden gebruikt voor het "gevaarlijke" ras

- Speciale vergunningen met duurdere tarieven

- Verbod op het gebruik van bepaalde openbare ruimtes

- Microchip of tatoeage verplicht

- Verplichting om foto's van hond en eigenaar in te dienen bij de gemeentelijke autoriteiten

Bovendien weigeren veel verzekeringsmaatschappijen een woonhuisverzekering te geven als mensen een van de "hoog risico" rassen hebben die op de verboden lijst staan. Duitse Herders staan op bijna elke lijst van elk bedrijf. Ook kunnen verhuurders potentiële huurders weigeren omdat ze een zwart-bruine baby hebben.

Foto:
Jamie Nicholson

Dus, ik denk dat je het beeld nu wel begrijpt. Je hebt net ontdekt dat het zijn van een Duitse Herder-eigenaar een uitdaging op een heel ander niveau is. Je dacht dat je alleen maar te maken had met een eigenzinnige, koppige hond die, als hij niet goed getraind is, groot genoeg is om je zonder zelfs maar te zweten rond het blok te slepen. Er zijn echter dingen die je kunt doen tegen het "Duitse Herder Stigma". Dingen die het stereotype bestrijden en het leven beter maken voor eigenaren en de honden zelf. Haal even adem en lees dan verder.

Het Stigma Tegengaan

Laat me een beladen vraag stellen. Als ik je zou vragen om de drie meest agressieve hondenrassen te noemen, wat zou je dan zeggen? We weten dat sommige honden gefokt zijn om agressiever te zijn. Ja, Duitse Herders kunnen een hoge drive hebben, het zit in hun DNA, maar laten we teruggaan naar de vraag. Dit zijn de top drie meest agressieve rassen, volgens een onderzoek uitgevoerd door onderzoekers aan de Universiteit van Pennsylvania:

1. Teckel

2. Chihuahua

3. Jack Russell

Foto:
Mya Milbury

Wat is mijn punt? Nou, als hondeneigenaren moeten we onszelf voortdurend blijven in-formeren, zodat wanneer je in gesprek raakt met iemand die niet zo gecharmeerd is van je Duitse Herder als jij, je hen kunt helpen het verschil tussen mythe en werkelijkheid te begrijpen. Elk ras heeft unieke eigenschappen die min of meer gemeenschap-pelijk zijn, maar alle honden zijn individuen en hebben hun eigen persoonlijkheid. Je kunt mensen helpen dat te begrijpen. Dat is deel één om het maatschappe-lijke stigma over Duitse Herders en andere krachtige rassen te bestrijden. Hier is deel twee. Je moet de meest verantwoordelij-ke hondeneigenaar zijn die er is. Als je dat bent, zal je hond de meest gehoorzame, goed gesocialiseerde en gerespecteerde viervoeter in de buurt zijn.

- Train je hond vroeg en vaak. De natuurlijke neiging van een Duitse Herder is om naar jou te kijken voor begeleiding. Tijdens je training kun je de natuur van de hond versterken om altijd naar jou te kijken

Foto:
Anita Conklin

en jouw aanwijzingen te volgen. Als ze naar je kijken, bij voorkeur naar je ogen, betekent dit dat ze niet afgeleid zijn en waarschijnlijk je aanwijzingen zullen opvolgen. Duitse Herders willen graag behagen en er is niemand van wie ze meer lof willen ontvangen dan van jou.

- Wees uitbundig met je lof, maar als je Duitse Herder uit de pas loopt, zorg er dan voor dat je hem elke keer corrigeert. Geef niemand een excuus om naar je hond te wijzen en te zeggen: "Zie je wel, dat zei ik toch." Zorg er vooral voor dat je mondig gedrag en bijten al vroeg de kop indrukt.

- Onthoud dat discipline en grenzen op de eerste plaats komen, dan pas liefde en genegenheid.

- Als je met je Duitse Herder op pad bent, wees dan niet bang om te laten zien hoe goed hij zich gedraagt, vooral in losloopgebieden. Als mensen zien dat je hond onder controle is, draagt dat enorm bij aan het wegnemen van het Duitse Herder Stigma.

- Als mensen naar je toe komen en je Duitse Herder willen aaien en over het ras willen praten, zorg er dan voor dat je je daar prettig bij voelt. Herders kunnen afstandelijk zijn en niet veel interesse hebben in mensen buiten hun eigen roedel, dus zorg ervoor dat je je hond kent voordat je vreemden toestaat hem aan te raken.

- Hoewel honden betrouwbaar kunnen zijn, kun je ze nooit 100% vertrouwen. Als het om kinderen gaat, vooral kinderen van andere mensen, laat ze dan nooit zonder toezicht bij je Duitse Herder. Ga er nooit vanuit dat je hond zich op een bepaalde manier zal gedragen. Alleen omdat ze iets al honderd keer eerder hebben gedaan, is er altijd die kleine kans.

- Als je de mogelijkheid of de wens hebt om van je Duitse Herder een ambassadeur voor haar ras te maken, denk dan aan het trainen van je hond voor een bepaald soort dienstverlening. Duitse Herders zijn uitstekende werkhonden. Stel je de positieve public relations voor elke keer dat een Duitse Herder als therapiehond een verzorgingstehuis binnenloopt. Grote hond, maar ook veel grote glimlachen.

Als eigenaar van een Duitse Herder zul je altijd net iets harder moeten werken dan de ander. Als we allemaal een klein beetje doen om dat stereotype van de "grote, slechte Duitse Herder" tegen te gaan, wordt het stigma misschien ooit naar het verleden verwezen. Laten we nu eigenlijk alle discussie over stigma's achter ons laten en vooruitkijken. Je hebt je beslissing genomen. Je gaat een Duitse Herder pup aanschaffen. Je weet ongeveer wat je te wachten staat. Laten we nu eens praten over wat je moet doen om je voor te bereiden op het veilig verwelkomen van je nieuwsgierige kleine dreumes in je huis.

HOOFDSTUK 4
Voorbereidingen Treffen

Als je kinderen hebt, weet je al een beetje wat er komt kijken bij het klaarmaken van je huis en gezin voor de komst van een nieuw familielid. Maar een Duitse Herder pup is net iets anders. Zelfs op een leeftijd van acht weken, wat het vroegste moment is waarop je je Duitse Herder mee naar huis zou moeten nemen, regeert de neus.

- De neus van een hond heeft wel 300 miljoen geurreceptoren.

- Een menselijke neus heeft er slechts 5 miljoen.

Daarom zijn ze zo gefixeerd op het volgen van een geurspoor. Dat is ook hoe ze in de problemen komen, vooral als pup. Laten we eens kijken naar manieren waarop je je Duitse Herder pup veilig kunt houden, zelfs voordat je hem mee naar huis neemt.

Foto:
Celeste Schmidt
Dakonic GSDs

34

De Plek voor je Pup Voorbereiden

Een van de dingen die je moet doen, is een kamer in huis kiezen die de eerste tijd de primaire leefruimte voor je Duitse Herder zal zijn. Je moet een kamer kiezen met een vloer die gemakkelijk schoon te maken is. Er zullen veel 'ongelukjes' gebeuren, dus wees voorbereid. In ons huis was Cody's eerste ruimte de entreehal, met ouderwetse linoleumvloeren. Een van de beste keuzes die we ooit hebben gemaakt. We hebben ook een traphekje geïnstalleerd waarmee we de pup in die kamer konden houden. Vergeet niet dat die kleine nageltjes bijna elk vloeroppervlak kunnen bekrassen, dus kies geen kamer met je kostbare houten vloer; als het hout eerst niet verweerd was, zal het dat zeker zijn nadat het kleintje er een tijdje heeft rondgelopen.

Je wilt ook zorgen dat je wat comfortabele stoelen in die kamer hebt, want je zult er veel tijd doorbrengen. Er moet een deur zijn die direct toegang geeft tot buiten. Dit maakt het makkelijker wanneer je serieus begint met zindelijkheidstraining. Duitse Herders zijn grote kauwers en puppy's zijn niet kieskeurig in hun keuze van voorwerpen om in hun mond te stoppen. Dus, haal alle voorwerpen die je waardevol vindt uit de kamer. Verwijder alle schoenen, handschoenen, mutsen, alles in de kamer dat mogelijk in de mond van je puppy terecht kan komen. Onthoud dat ze snel groeien, dus de dingen waarvan je dacht dat ze op tien weken buiten bereik waren, zijn dat al snel niet meer. Je wilt om voor de hand liggende redenen ook geen tapijten op de vloer hebben.

Hopelijk is diezelfde kamer ook groot genoeg om er te spelen. Stopcontacten en elektrische snoeren vormen een ander potentieel gevaar. Verwijder de snoeren uit de Puppyplek en zorg ervoor dat de stopcontacten zijn afgedekt met stopcontactbeschermers of -pluggen. Je moet ook rekening houden met de elektrische gevaren in de rest van je huis naarmate je het territorium van de hond uitbreidt.

De Bench

Ik ben voorstander van benchtraining vanaf het begin, zelfs als je niet van plan bent deze regelmatig te gebruiken wanneer je Duitse Herder ouder is. Er moet dus een bench klaarstaan op de Puppyplek. Je hebt een bedje in de bench nodig zodat de kleine hond eraan went om er zelfstandig in en uit te gaan. Je wilt dat het betreden van de bench een plezier is, geen straf. De bench moet ook de plek zijn waar in het begin wat van zijn speeltjes liggen, hoewel ze daar natuurlijk niet lang zullen blijven.

Het is belangrijk om voer- en waterbakjes op de Puppyplek te hebben. Toen Cody die leeftijd had, begon ik met de voer- en waterbakjes in de bench, gewoon om hem erin te krijgen en de bench te associëren met een positieve activiteit. Ik haalde de bakjes weg na het voeren, hoewel ik wel een waterbakje in de kamer liet staan zodat hij kon drinken wanneer hij wilde. Toen Cody wat ouder was, gaf hem dat ook een voorwerp om om te keren en op de vloer te morsen, maar dat hoort bij het puppyterritorium. Denk aan wat ik zei over de vloer. Het zal een tijdje op een oorlogsgebied lijken.

Nog wat laatste gedachten over de bench. We kochten een 'grote' bench met een tussenschot zodat we hem half zo groot konden maken toen de puppy klein was en hem konden uitbreiden naarmate de hond groeide. Nou, de 'grote' bench was niet groot genoeg, dus bespaar jezelf wat kosten en ga meteen voor de extra grote. Een volwassen hond moet in zijn bench kunnen staan en zich comfortabel kunnen omdraaien. Hoewel ik een zachte bench heb voor onderweg, raad ik ze niet aan voor regelmatig gebruik. Ik heb altijd een draadstalen bench in huis gebruikt, die ons goed heeft gediend.

Een Fout die Ik Maakte

Toen we onze Duitse Herder pup mee naar huis namen, zetten we hem die eerste nacht in zijn bench op de Puppyplek. Ik besefte het toen niet, maar dat is waar ik een enorme fout maakte. Ik dacht dat ik alles had uitgedacht. Ik zou elke paar uur opstaan en hem naar buiten brengen om te plassen. Er was veel gehuil en gejank. Ik bedoel een enorme hoeveelheid, maar ik wist dat dat te verwachten was. Dit ging vele nachten door. Meer dan nodig was. Pas achteraf ontdekte ik, via trainers waarmee ik werkte en door mijn eigen leeswerk, dat de aanpak die ik had gebruikt waarschijnlijk het slechtste was wat ik had kunnen doen. Bedenk, je puppy is net weggehaald bij zijn familie. Hij is in een vreemde omgeving met mensen die hij niet kent. Het is geen goed idee om hem in eenzaamheid te zetten en hem te laten huilen. Ja, jij kunt misschien wat slaap pakken, maar je hond zal er later de prijs voor betalen.

Hier is wat je moet overwegen. Zet een tweede, veel kleinere bench (puppyformaat) neer, ofwel in je slaapkamer of net buiten de slaapkamerdeur, zodat je nieuwe Duitse Herder weet dat je dichtbij bent. Hij zal je kunnen ruiken. Er zal 's nachts nog steeds kabaal zijn, maar dat zal geleidelijk afnemen en dan kun je de puppy uiteindelijk laten wennen aan overnachten op de Puppyplek. Als de hond dichtbij is, helpt dat ook om te begrijpen wanneer hij naar buiten moet om zijn behoefte te doen. Geloof me, het is een win-winsituatie. Als een nieuwe puppy alleen wordt gelaten, vooral 's nachts, en vooral wanneer hij net thuiskomt, zal hij zo'n intense angst ervaren dat dit later kan leiden tot problematisch gedrag. Reken er dus op dat je wat minder slaapt, maar uiteindelijk een gezondere hond hebt. Het is het absoluut waard.

Gevaren in Huis

De keuken en misschien de wasruimte kunnen twee van de grootste potentiële gevarenzones zijn voor je Duitse Herder. Alle lage kastjes die schoonmaakmiddelen, wasmiddel of zelfs bestrijdingsmiddelen kunnen bevatten, moeten worden beveiligd met kindveilige sluitingen. Verplaats dingen zoals kruiden, snoep en bakbenodigdheden naar een hoger niveau zodat de verleiding er niet is voor de puppy. Ze volgen hun neus en als ze zo jong zijn, gaat wat ze door geur vinden uiteindelijk in hun mond als dat mogelijk is. Afval. Heb ik afval al genoemd? Daar is dat geurding weer. Maak er een gewoonte van om ervoor te zorgen dat je afval goed verpakt en opgeborgen is op een veilige plek. Het gewoon buiten zetten is niet de oplossing.

Je zult door de rest van het huis moeten gaan en waakzaam moeten zijn. In de badkamers moet je ervoor zorgen dat er geen toegang is tot dingen zoals medicijnen, zeep, make-up en persoonlijke hygiëneproducten. In de woonkamer, familiekamer en andere gemeenschappelijke ruimtes moet je ervoor zorgen dat er geen telefoonopladers (of de telefoons zelf) beschikbaar zijn om op te kauwen. Die kleine, inplugbare zaklampjes moeten uit de stopcontacten worden gehaald. Pennen, stiften, scharen en andere scherpe voorwerpen zijn ook inslikkingsgevaren. Breekbare dingen zoals vazen en kunstwerken moeten goed uit de weg worden gezet. Honden kunnen springen en letten niet altijd op waar ze met hun staart zwaaien. Kamerplanten worden gemakkelijk om-

Foto: Nanc Schutte

gestoten en in sommige gevallen opgegeten. Veel huishoudelijke favorieten zijn giftig voor honden. Hier is een korte lijst van veelvoorkomende kamerplanten die je beter kunt vermijden.

1. Aloë Plant	**6.** Ficus Benjamina
2. Jade	**7.** Gardenia
3. Cyclaam	**8.** Geranium
4. Dracaena	**9.** Schefflera
5. Veel soorten Lelies	**10.** Oleander

Onthoud dat dit slechts de korte lijst is. Naarmate je Duitse Herder pup ouder wordt en hij minder interesse toont in plantkunde, is het misschien mogelijk om enkele van je favorieten terug te brengen. Sommige honden worden afgeschrikt door een verdunde citroensap- en waterspray op de plant. Bij ons thuis vonden we het gewoon eenvoudiger om de planten voor de duur vaarwel te zeggen.

Puppy-proofing van je Terrein

"Zorg ervoor dat je tuin veilig is met een hek van 2,5 meter hoog met sloten op alle poorten. Het zal ze slechts een paar dagen kosten om uit te vinden hoe ze uit de tuin kunnen ontsnappen. Zodra ze dat doen, wordt het een dagelijks iets."

Joyce Colburn
Hawaii Duitse Herders

Net zoals je je woonruimte binnen hebt moeten aanpassen, moet je ook je terrein onder de loep nemen en je buitenruimte puppyproof maken. Heb je een omheinde tuin met een veilige poort? Geweldig, dan ben je al een stap verder. Controleer de omheining nog eens goed om er zeker van te zijn dat deze stevig is en controleer ook plekken waar Flash zou kunnen ontsnappen. Zodra ze wat ouder worden, kunnen ze fanatieke gravers worden, dus je kunt je maar beter gewennen aan het ontmoedigen en beveiligen tegen die slechte gewoonte. Tegelijkertijd wil je misschien overwegen of je hek hoog genoeg is. Een hek van 1,80 meter wordt aanbevolen, want zelfs de meest gehoorzame hond kan in de verleiding komen om de tuin te verlaten.

Je zult spullen moeten opbergen die je misschien gewend bent om te laten rondslingeren. Dat geldt voor al je tuingereedschap, inclusief handschoenen. Ik weet niet hoeveel tijd ik heb verspild met het achterna zitten van Cody door de tuin, terwijl hij breed grijnzend rondrende met een handschoen stevig in zijn bek en de betekenis van "los" hem totaal was ontschoten. Nogmaals, alle chemicaliën zoals insecticiden, winterolie en meststoffen moeten worden opgeborgen. In het beste geval zal de puppy misschien niets van dat materi-

Foto:
Tricia Ansell

aal consumeren, maar hij kan zeker een puinhoop maken van het terrein en van zichzelf. Kussens van tuinstoelen gaan niet lang mee als ze blijven rondslingeren. Als je een zwembad hebt, moet je ervoor zorgen dat de puppy er geen toegang toe krijgt. We hebben een hek rond ons zwembad en Cody heeft pas onlangs de vrijheid gekregen om in het zwembadgebied rond te lopen op de gevorderde leeftijd van vier jaar.

Iets van zeer praktisch belang is het kiezen van de plek waar je hond haar behoefte zal doen. Haar trainen om op een specifieke plek te plassen en te poepen maakt het opruimen een stuk gemakkelijker, en een stuk minder verrassend.

Iets wat steeds meer zorgen baart, is de prevalentie van teken die de ziekte van Lyme dragen. Als je een groot of landelijk gelegen terrein hebt, is het verstandig om zoveel mogelijk van het gras dat je kunt beheren regelmatig te maaien. Teken hangen graag rond in langer gras, wachtend om zich te hechten aan alles wat voorbijkomt. Deze verraderlijke insecten waren vroeger voornamelijk een probleem op het platteland, maar worden nu vaker aangetroffen in stedelijke gebieden. Het is nog een reden om een nette tuin te houden.

Dan zijn er nog enkele buitenplanten die een probleem vormen voor Duitse Herders. De volgende lijst bevat vegetatie die giftig is voor honden. Zo is bijvoorbeeld één enkele boon van de Wonderboom genoeg om fataal te zijn voor een Duitse Herder.

1. Azalea	**6.** Lelietje-van-dalen
2. Narcis	**7.** Hosta
3. Tulp	**8.** Dagschone
4. Wonderboom	**9.** Veel Klimopsoorten
5. Vingerhoedskruid	**10.** Clematis

Een andere plant die ik zal noemen die giftig is voor honden is marihuana. Op dit moment is medicinale cannabis in Nederland op doktersrecept legaal verkrijgbaar, terwijl recreatief gebruik formeel verboden is, maar wel gedoogd wordt in coffeeshops. De verwachting is dat het gebruik en de maatschappelijke acceptatie alleen maar zullen toenemen. Of het nu buiten groeit of in een la of kast ligt als eetbare vorm, het vormt een bedreiging voor je Duitse Herder. Onthoud, met haar krachtige neus zal ze weten dat het er is. Dus, als je marihuana in huis hebt in welke vorm dan ook, berg het dan veilig op zodat je pup er niet bij kan. Als je het buiten kweekt, wat dacht je van rozen in plaats daarvan? Je Duitse Herder zal je er dankbaar voor zijn.

Kinderen en Andere Huisdieren Voorbereiden

Een van de beste dingen die je kunt doen voordat je je puppy mee naar huis neemt, is praten over de nieuwe routine waar iedereen aan moet wennen. Zoals hondenklusjes. Wie gaat haar voeren? Hoe krijgt ze haar beweging? Hoe zit het met baden, en vergeet de poeppatrouille niet. Het kunnen niet allemaal glamoureuze taken zijn, maar iedereen moet meehelpen. Iedereen wilde toch een puppy, nietwaar? Het belangrijkste om te benadrukken is dat dit niet iets is wat je één dag doet en als je het niet leuk vindt, ermee stopt. Dit is het forever home van de hond. Dat betekent dat je voor haar moet zorgen zolang ze leeft. Iedereen in het huishouden eraan herinneren dat je Duitse Herder pup op hen rekent en dat ze allemaal verantwoordelijk zijn voor haar veiligheid is belangrijk.

Als je al een andere hond in huis hebt, onthoud dan dat zij hun routines en verwachtingen hebben, dus het is belangrijk om die te handhaven wanneer de nieuwe puppy thuiskomt. Je moet ervoor zorgen dat je de menselijke aandacht voor de eerste hond op peil houdt en ervoor zorgen dat ze hun eigen ruimte en spullen blijven hebben. Wanneer de pup thuiskomt, zorg er dan voor dat ze elkaar ontmoeten op neutraal terrein, buiten als het weer het toelaat. Het sleutelwoord hier zou geleidelijk zijn. Een beetje blootstelling per keer terwijl de twee honden dingen uitwerken. Tolereer geen slecht gedrag, maar laat de oudere hond de leiding nemen en het tempo bepalen.

Foto:
Makenzi Hall

Als er een kat in je huis woont, moet je een speciaal introductieplan opstellen voor meneer Duitse Herder en de onverschrokken kat. De sleutelwoorden in dit scenario zouden geduld en nog meer geduld zijn. Laat ze in ieder geval in het begin niet kennismaken. Laat de dieren gewoon wennen aan elkaars geur. De eerste ontmoeting moet plaatsvinden in een ruimte waar de puppy aan de lijn is en de kat, hoewel vrij om door de kamer te lopen, het gebied niet helemaal kan verlaten. Variaties van dit proces kunnen worden herhaald totdat je ziet hoe de relatie zich ontwikkelt. Ze kunnen leren elkaar te verdragen, ze kunnen vrienden worden. Dat is volledig aan hen. Je moet ze gewoon een eerlijke kans geven om dingen uit te werken.

Nu dit hoofdstuk ten einde loopt, vergat ik bijna een heel belangrijk ding. Je moet de beste naam ter wereld voor je hond uitkiezen. Ik heb een voorkeur voor Axel en Jaeger als het een reu is. Heidi of Zelda als het een teef is. Ik zeg het maar.

Hierna zullen we praten over het nemen van de grote stap. De dag dat je je Duitse Herder pup mee naar huis neemt, zal een tijd zijn van hoge emoties, bewegende doelen en weinig slaap. De eerste dagen overleven met je verstand intact gaat allemaal over voorbereid zijn en routines creëren die iedereen kan verwachten en waaraan iedereen kan deelnemen. Heb ik al gezegd dat je niet veel zult slapen?

HOOFDSTUK 5
De Thuiskomst

D e dag dat we onze DuitseHerder, Cody, gingen ophalen, had ik de hele dag een brok in mijn keel. We hadden alle voorbereidingen in huis getroffen en ik had meerdere boeken over puppyopvoeding gelezen, maar de emoties liepen hoog op. Ik vermoed dat dit bij jou ook het geval zal zijn. Vooral als er kinderen bij betrokken zijn. Verlies vooral niet het plan uit het oog dat je hebt gemaakt en besproken met alle gezinsleden. In de opwinding over je nieuwe Duitse Herder zijn jullie misschien geneigd om de eerste dagen maar wat aan te modderen. Je moet bereid zijn om een beetje te improviseren bij het vaststellen van leefpatronen en hoe je nieuwe pup daarin past, maar als je in die eerste dagen al het andere vergeet, onthoud dan dit: je begint met het vaststellen van levenslange patronen voor je puppy. Zorg ervoor dat je goed begint.

Foto:
Brent Ferguson

Voordat je bij de fokker vertrekt, zorg ervoor dat je verschillende za-ken bij de hand hebt en bepaalde informatie in je hoofd hebt.

- De fokker moet papierwerk verstrekken met betrekking tot je pup-py. Dit moet de registratie bevatten waarop staat wie de moeder-hond (teef) en vaderhond (reu) zijn. Ook kan je puppy een "officiële" naam hebben gekregen voor registratiedoeleinden. Je bent niet ver-plicht om die naam in het dagelijks leven voor je hond te gebruiken. De fokker kan ook de stamboom van je puppy bijvoegen, waarop zijn familiegeschiedenis staat.

- De fokker moet ook papieren verstrekken waarop staat welke in-entingen de kleine heeft gehad en welke ontworming is uitgevoerd. Als er geen papieren zijn, zorg er dan voor dat je die informatie van de fokker krijgt en schrijf het zelf op. Je hebt die informatie nodig wanneer je voor het eerste bezoek naar de dierenarts gaat.

- Nog even ter herinnering: je zou met de fokker gesprekken moet-en hebben gehad over eventuele genetische aandoeningen die met Duitse Herders worden geassocieerd. Op zijn minst zou je van de fokker moeten begrijpen dat de ouders van je puppy vrij zijn van heupdysplasie en DM (Degeneratieve Myelopathie). Als er papierw-erk is dat dit bevestigt, zorg er dan voor dat je een kopie hebt.

- Je fokker moet een monster meegeven van het voer dat je Duitse Herder heeft gegeten, zodat er geen abrupte dieetverandering is wanneer je haar thuis krijgt. Je kunt later met je dierenarts overleg-gen over de juiste voedingskeuze.

- Iets anders dat troostend zal zijn voor je puppy is een klein speelt-je dat de geur van zijn moeder en nestgenoten draagt. Ook is een handdoek of kleine deken met de geur van zijn moeder handig om bij je te hebben, niet alleen voor de rit naar huis maar ook voor de eerste weken of langer. Ik heb nog steeds het oranje pluche botje dat Cody die eerste dag mee naar huis nam. Hij is nu vijf en hij haalt het nog steeds af en toe tevoorschijn en snuffelt eraan. Herinneringen aan thuis, denk ik.

Op Weg naar Huis

Tijd om op pad te gaan. Zorg ervoor dat je puppy de kans heeft ge-had om haar blaas en darmen te legen voordat ze in de auto stapt. Laat haar wat rondlopen en haar behoefte doen zoveel als mogelijk. Als je een lange rit voor de boeg hebt, moeten er onderweg meer stops zijn. Hier is een cruciaal stukje informatie om te onthouden: totdat puppy's hun laat-ste vaccinaties hebben gehad, zijn ze vatbaar voor verschillende ziekten.

Foto:
Laura Hernandez

Hierover later meer, maar wanneer je onderweg stopt met je puppy, doe dit dan op minder drukke plekken en zeker waar het onwaarschijnlijk is dat andere honden hun behoefte hebben gedaan. Hopelijk heb je familieleden bij je, zodat een van hen de puppy op schoot kan houden tijdens de rit naar huis. Je wilt de autorit voor je Duitse Herder zo traumavrij mogelijk maken. Bedenk dat er in de toekomst veel autoritten zullen zijn en je wilt dat 'een ritje maken' leuk is, geen straf.

De Eerste Nacht

"Verwacht veel gehuil en een neiging om terug te deinzen voor nieuwe en intimiderende situaties totdat de pup zich op zijn gemak voelt. Hoe meer ze binnen de eerste 14 weken zien, hoe betere hond ze worden."

November Holley
Harrison K-9

Wauw, je bent thuis. Er was niet te veel gehuil en gejammer onderweg, toch? Nu is het de eerste dag van de rest van jullie leven. Voor je Duitse Herder puppy is het een heel nieuw begin, en ze herkent niets van haar omgeving. Stel je voor, het ene moment ben je bij de roedel en mama. Het volgende moment ben je bij een stel vreemde mensen. Behoorlijk abrupt, vind je niet? Dus je moet je Duitse Herder puppy een béétje ruimte geven. En wapen je met geduld. Je zult daar een overvloed van nodig hebben.

Je weet dat je de Puppykamer hebt ingericht, maar waarschijnlijk moet je bij aankomst wat eerste socialisatie doen. Vooral als er kinderen bij betrokken zijn, zullen ze wat hands-on tijd willen hebben. Laat niemand te opgewonden raken en laat vooral de puppy niet te opgewonden raken. Houd een lijn bij de hand voor het geval je Tiger een beetje moet kalmeren. Ze zal bijna zeker kauwachtig en bijtachtig zijn, dus houd wat van haar speeltjes bij de hand. Wanneer ze begint te bijten, leid haar af en verleg haar aandacht naar een speeltje. Onthouden om af te leiden en om te buigen is een levenslange aanpak die een redding kan zijn. Ik heb nog steeds al mijn vingers en kan dat bevestigen.

Iedereen die op de grond zit en de kleine Heidi laat rondlopen terwijl iedereen haar aanraakt en tegen haar praat, is waarschijnlijk een goed idee. Het is een moment van binding. Niet alleen voor je Duitse Herder, maar het is het begin van een emotionele band voor alle gezinsleden. Of je het gelooft of niet, zelfs als je hond volwassen is, zul je haar af en toe nog steeds aankijken en de kleine puppy zien die ze was. Dit is het begin van het houden van je hond. Niemand hoeft dat te leren, je moet iedereen het gewoon op zijn eigen manier laten doen.

Bedtijd

Puppy's hebben veel natuurlijke instincten. Een daarvan is huilen en jammeren om aandacht. Dus als het bedtijd is die eerste nacht en voor vele nachten daarna, verwacht dan een routinematig kabaal. Als je terugdenkt aan het vorige hoofdstuk, herinner je je misschien dat ik voorstelde om een kleine bench in je slaapkamer of dicht bij de slaapkamer te plaatsen. Sommige hondeneigenaren waarmee ik heb gesproken, zeggen dat ze de bench bij het bed zetten en elke keer dat de puppy jengelde, legden ze hun hand bij de hond zodat hun geur sterk was en de puppy wist dat ze niet alleen was. Deze eerste dagen is het belangrijk om je Duitse Herder te laten zien dat je op haar let en dat je om haar geeft. Dat zal helpen bij het geleidelijke bindingsproces en uiteindelijk een gezonde, gelukkige hond creëren.

Foto:
Tiffany Porter

Benodigdheden

Het is niet nodig om meteen alles te kopen waarvan je denkt dat je hond het ooit in zijn leven nodig zou kunnen hebben. Maar het is belangrijk om enkele essentiële zaken bij de hand te hebben wanneer je je puppy thuisbrengt, die het leven wat eenvoudiger maken. Zorg ervoor dat je een voorraad hebt van het voer dat de fokker aan je puppy gaf. Dat geeft je de tijd om, misschien in overleg met je dierenarts, te beslissen welk dieet het beste is voor je hond. Je moet lezen over de voor- en nadelen van verschillende diëten en beslissingen nemen.

Voer- en waterbakken moeten zwaar genoeg zijn zodat je puppy ze niet meteen kan omgooien. Die fase komt vanzelf en je zult je erop moeten voorbereiden, maar stevige, substantiële bakken die uren van misbruik kunnen doorstaan, zullen deel uitmaken van het decor. Ik voer Cody niet vaak buiten, maar ik heb verschillende bakken rond het erf voor water zodat hij een drinkpauze kan nemen, afhankelijk van waar we zijn. Je kunt besluiten om een set bakken buiten te hebben voor je puppy als je bijvoorbeeld veel tijd in de achtertuin doorbrengt.

We hebben het over benches gehad, maar je wilt misschien ook een of twee traphekjes aanschaffen waarmee je je Duitse Herder puppy kunt beperken tot bepaalde kamers. Degene die ik gebruik is van metaal met spijlen, een doorloophek, en kan worden uitgebreid om in elk deurkozijn te passen. Het heeft ook een vergrendelbare klink die hondenneuzen niet kunnen openmaken.

Je Duitse Herder zal verschillende halsbanden nodig hebben. Ik houd er een sneldrogende bij de hand die Cody draagt als hij naar het strand gaat. We hebben ook stevigere die kunnen worden gebruikt met een lijn. Dat is nog afgezien van de verschillende feestelijke en die met logo's van je favoriete sportteams erop. Je zult al snel ontdekken dat er eindeloze manieren zijn om geld uit te geven aan je hond, als je dat nog niet wist. De halsbanden moeten gespen hebben zodat ze kunnen worden aangepast naarmate je puppy groeit en ook metalen ringen hebben om hondenpenningen, vaccinatiepenningen en een identificatiepenning aan te bevestigen. Op de ID-penning moet de naam van je puppy, jouw naam en je telefoonnummer staan. Zorg ervoor dat de halsbanden goed aansluiten, maar nog wat speling hebben. Wanneer je Duitse Herder dan ergens achter blijft haken, bijvoorbeeld aan een tak of struik, kan hij zich met enige moeite losmaken. Verschillende lijnen moeten ook in je inventaris zitten. Er zijn veel redenen om geen uitschuifbare of intrekbare lijnen te kopen, en zeker niet voor een groot ras zoals een Duitse Herder, dus ik zal daar eerlijk over zijn. Verspil je geld er niet aan. Je moet leren

of nylon lijnen kopen in lengtes van 120 of 180 centimeter. Geen ketting-lijnen. Te hard voor de handen en mogelijk gevaarlijk voor je hond.

En speelgoed, veel speelgoed dat zal worden gekauwd tot het niet meer kan. We hebben een speelgoedhospitaal bij ons thuis waar speel-goed naartoe gaat om indien mogelijk te worden gerehabiliteerd. Veel kunnen helaas niet worden gered, dus het speelgoedbudget is altijd in beweging en loopt altijd in het rood. Speelgoed waarin traktaties ver-stopt zitten, is ook een geweldige manier voor je hond om de tijd door te brengen. Mijn hond, Cody, heeft wat we zijn pindakaasbotje noemen. Het is een rubberen speelgoedbot met gaten aan beide uiteinden waar klodders pindakaas in kunnen worden gedaan, zodat je ongeveer twintig minuten lang een hond kunt horen likken en smakken.

Dan zijn er verzorgingsbenodigdheden. Als je de grappen over de 'Duitse Verhaarder' nog niet hebt gezien over hoeveel Duitse Herders verharen, zul je die binnenkort wel tegenkomen. Borstels met stevige ha-ren zijn nodig voor de dubbele vacht van je hond. Als je leert om de na-gels van je hond te knippen, bespaar je veel geld, dus het is het beste om een eenvoudige schaartype nagelknipper aan te schaffen. Nog een paar andere items op je kooplijst:

- Veel plastic poepzakjes
- Poepschep
- Schoonmaakmiddelen (zorg ervoor dat wat je gebruikt veilig is voor puppy's)

Dierenartsbezoeken

Je moet heel vroeg een relatie opbouwen met een betrouwbare dierenarts. Je fokker kan zelfs hebben bepaald dat de puppy kort na aankomst in je huis een dierenarts moet zien. Dat beschermt eigenlijk zowel de fokker als jou. Als de puppy ongezond is, kom je daar meteen achter. Dan kunnen jij en je fokker een plan van aanpak bepalen. Verantwoordelijke fokkers nemen ongezonde puppy's terug en geven je geld terug, of werken met je samen om tot tevredenheid te komen. Hoe langer de puppy bij je is, hoe meer emotionele binding er is. Hoe dan ook, een vroeg dierenartsbezoek zou zeker op de planning moeten staan.

Er zijn verschillende manieren om te beslissen welke dierenarts het beste bij je past. Nabijheid is zeker een overweging, maar reputatie via mond-tot-mondreclame is waarschijnlijk een van de beste manieren om je te helpen beslissen. Zodra je een naam of twee hebt die je overweegt, ga op bezoek en stel wat vragen. Terwijl je daar bent, controleer hoe schoon de praktijk lijkt te zijn. Ik let altijd op de houding van het personeel. Als ze je welkom laten voelen en oprecht lijken te geven om dieren, dan is dat al een heel eind. Neem de tijd om met een klant of twee te praten over hun ervaringen en hoe lang ze al naar de locatie komen. Drukke klinieken kunnen een teken zijn van klanttevredenheid, dus laat je niet afschrikken door het aantal klanten. De openingstijden zijn een belangrijke overweging en als ze spoeddiensten aanbieden, is dat een grote bonus. Er zullen minstens een of twee "spoed"-bezoeken zijn in de carrière van je huisdier, dus als je de mensen kent en er snel kunt komen, zal iedereen zich daar beter over voelen.

Hands-on

Het eerste dierenartsbezoek zal een leerervaring zijn voor iedereen die erbij betrokken is. Je puppy krijgt een eerste indruk van de buitenwereld en mogelijk andere honden (en katten) in de praktijk van de dierenarts. Je zult zien hoe je met je Duitse Herder puppy moet omgaan in termen van agressiviteit of verlegenheid. Sommige puppy's stormen gewoon de wereld in en accepteren wat er op hun pad komt. Andere, minder extraverte honden moeten misschien worden overgehaald.

Een van de tips die ik vroeg leerde, was om angst of bezorgdheid niet aan te moedigen, vooral niet als puppy's volwassen worden. Als een puppy ergens bezorgd over is en laat zien hoe bezorgd ze is, is het geen goed idee om de hond te aaien en te proberen gerust te stellen. Als je dat doet, stuur je onbedoeld signalen naar je hond dat het oké is om bezorgd te zijn en zelfs om slecht te reageren. Nogmaals, het beste wat je kunt doen is "afleiden en ombuigen". Dat kan met een favoriet speeltje of een traktatie. Net als bij een jong kind, als je de geest van de puppy bezighoudt met een andere ervaring, vergeten ze zich zorgen te maken.

Dit eerste bezoek is zoals veel eerste dingen in het vroege leven van je Duitse Herder puppy. Als de ervaring leuk is en er weinig tot geen pijn bij komt kijken, zal je puppy geen slechte associaties hebben met het dierenartsbezoek. Ik heb volwassen honden gezien die schoppend en schreeuwend de dierenartspraktijk in werden gesleept of gedragen. Je wilt niet een van die eigenaren zijn die een Duitse Herder van vijfendertig kilo door de praktijkdeur probeert te lokken. Het is echt zwaar voor jou en je hond, dus doe alles wat je kunt om het proces vanaf het begin in de juiste richting te sturen. Je bespaart een leven lang zorgen en angst voor zowel jou als, belangrijker nog, je Duitse Herder.

De Praktische Zaken

Nog een tip om te onthouden: je Duitse Herder is te jong om volledige immuniteit te hebben om veel van de ziekten die daar rondsluipen te weerstaan. De meeste dierenartspraktijken doen een vrij goede job om ervoor te zorgen dat het vloeroppervlak schoon is, maar zoals ze zeggen: "ongelukjes gebeuren". Er zullen ongelukjes zijn gebeurd, dus zorg ervoor dat je je pup de praktijk in draagt en op schoot houdt totdat je in de onderzoekskamer bent. Beter voorzichtig dan spijt hebben.

De dierenarts zal een routinematige checklist doorlopen met je puppy. Hij wil de algemene gezondheid van je hond vaststellen en ook kijken of er uiterlijke tekenen zijn van aangeboren afwijkingen. Je dierenarts is je partner in de zorg voor je hond, dus ik probeer altijd te onthouden dat ze een vriend zijn en alleen maar proberen te helpen. Hier is wat er tijdens dat eerste onderzoek zal gebeuren.

- De ogen en oren van je Duitse Herder zullen worden geïnspecteerd.

- Tanden, tong, tandvlees en keel krijgen wat aandacht. Roze zou de norm moeten zijn. Zwarte vlekken kunnen aanwezig zijn, waar je je geen zorgen over hoeft te maken.

- Je dierenarts zal een stethoscoop tevoorschijn halen en naar het hart van je puppy luisteren en ook haar longen controleren om er zeker van te zijn dat de ademhaling moeiteloos is en de longen schoon zijn.

- Je puppy zal worden gewogen bij dit en elk volgend bezoek. Het gewicht van een hond is een zeer goede indicator van gezondheid. Te zwaar of te dun en een ander dieet kan worden aanbevolen.

- De dierenarts zal veel aanraken en voelen, vooral in het buikgebied van je puppy. Hij zoekt naar tekenen van gevoeligheid die op een probleem kunnen wijzen. Tenen, teennagels, poten en anale gebied zullen worden gecontroleerd.

- Je puppy zal worden bestudeerd terwijl ze rondloopt om er zeker van te zijn dat de gang normaal is zonder tekenen van mankheid of pijn.

- Stel tijdens het onderzoek alle vragen die je kunt bedenken. Onthoud dat je een expert tot je beschikking hebt, dus maak gebruik van de tijd. Zorg ervoor dat je de dierenarts alle papieren of informatie geeft over je Duitse Herder puppy die de fokker je mogelijk heeft gegeven.

- Afhankelijk van de leeftijd van de pup kunnen vaccinaties nodig zijn. Deze doen je hond niet echt pijn, maar je wilt misschien een traktatie of een speeltje geven om op te kauwen wanneer de naald wordt gehanteerd.

Zorg er na het onderzoek voor dat je een afspraak hebt voor de aanvullende inentingen die je puppy nodig heeft. Er zijn een reeks aanbevolen vaccins en optionele of "niet-kern" inentingen. Een optionele om te overwegen als je je hond op enig moment zou kunnen laten logeren, is het Bordetella- of "kennelhoest"-vaccin. Veel pensions hebben dit als vereiste voordat ze je hond accepteren.

Training van de Kleine

"Iets wat de meeste mensen niet lijken te beseffen, is dat je vanaf dag één kunt beginnen met trainen. Ze zijn slim en ze zullen je verrassen met hoeveel ze meteen kunnen leren. Dit is een cruciale tijd om de basis te leggen voor gedrag dat je bij hen wilt zien als volwassenen."

Celeste Schmidt
Dakonic Duitse Herders

Trainen met je Duitse Herder is geen optie. Het is een nood-zaak. Honden worden niet plot-seling sociaal welgemanierd en gehoorzaam van de ene op de andere dag en door osmose. Je moet tijd met ze doorbrengen, één-op-één of in groepslessen. Beide zijn nuttig. Als je het geluk hebt dat er een aantal organisa-ties zijn die groepsinstructie aan-bieden, is een van de dingen om rekening mee te houden om te informeren of ze specifiek lessen aanbieden voor grote rassen. Op

Foto:
Hannah Wynd

die manier vermijd je misschien de ongemakkelijke groepslessituatie die ik in hoofdstuk drie beschreef.

Puppyklas

De eerste kennismaking van je puppy met zijn leeftijdsgenoten zou waarschijnlijk via een puppyklas moeten zijn. Dit groepssamenzijn gaat evenzeer over socialisatie als over training, maar het is zeker de moeite waard. De meeste hondenliefhebbers zijn het erover eens dat de eerste vier maanden van het leven van je Duitse Herder puppy de tijd is waar-in ze het meest beïnvloedbaar zijn. Dus is het de ideale tijd om met zijn opleiding te beginnen. Puppyklassen kunnen alles behandelen, van zin-delijkheidstraining en bench-trainingtips waar je thuis aan werkt tot het vertrouwd maken van Fritz met mensen in uniform. Je Duitse Herder zal ook gewoon tijd doorbrengen met andere puppy's, wat van onschatba-re waarde is. Het is ook een goede ervaring voor jou. Je kunt met ande-re eigenaren praten en verhalen en tips delen. Misschien kun je ook een beetje lachen. Honden socialiseren en trainen lijkt soms overweldigend serieus. Leer om een beetje te ontspannen en je zult je verfrist en opge-laden voelen, klaar om de volgende les aan te pakken.

Medische tip:

> Tijdens deze periode in het leven van je puppy, terwijl hij wordt ge-vaccineerd en zijn volledige immuniteit verwerft, is het belangrijk om zijn blootstelling aan plaatsen en andere dieren die iets aan hem kunnen doorgeven te beperken. Zorg ervoor dat de organisatie die de puppyklassen aanbiedt die je bijwoont, eist dat alle honden deel-

nemen aan een vaccinatieprogramma. De organisatoren van de klas moeten een strikt hygiëneprotocol hebben dat grondige reiniging vereist van gebieden die in groepsklassen worden gebruikt. Voor die eerste paar maanden van het leven van je puppy wegen de voordelen van socialisatie op tegen de minimale risico's van infectie in de grote wijde wereld.

De Bank Breken?

Hopelijk zullen de kosten van het eerste jaar van je nieuwe beste vriend je niet de das om doen, maar je moet wel een soort algemeen budget samenstellen. Onthoud dat je zoveel kunt uitgeven als je wilt, maar er is een minimumbedrag dat essentieel zal zijn. De Dierenbescherming schat dat een pup van een groot ras je in het eerste jaar gemiddeld meer dan 1.700 euro kost – en dat is exclusief de aanschafprijs. Laten we enkele van die kosten uitsplitsen.

Initiële Aanschafkosten van de Puppy

Als je een rashond (Duitse Herder) in Nederland koopt, zal het bedrag dat je betaalt variëren. Ook wat je met je puppy van plan bent, zal de prijs beïnvloeden. Als je op zoek bent naar een hond met een hoge drive die zou moeten uitblinken in gehoorzaamheid en bescherming, zou je meer dan 4.500 euro kunnen betalen. Op zoek naar een gezinshond en persoonlijke metgezel? Die prijs zou waarschijnlijk beginnen bij een meer gematigde 900 euro en van daaruit oplopen.

Dierenarts/Medische Kosten

Dierenartskosten variëren aanzienlijk over de hele wereld, maar ze zijn overal substantieel omdat de diergeneeskunde steeds geavanceerder is geworden. Om dit in perspectief te plaatsen: de American Pet Products Association schat dat huisdiereigenaren in de VS alleen al in 2017 meer dan zestien miljard dollar hebben uitgegeven aan diergeneeskundige zorg. Hoewel de kosten per land verschillen, is de onderliggende trend universeel - moderne diergeneeskundige technologie en medicijnen hebben gelijke tred gehouden met de vooruitgang in de menselijke gezondheidszorg. Hier zijn enkele voorbeelden van hoe individuele dierenartskosten eruit kunnen zien.

- De basiskosten voor een dierenartsbezoek beginnen bij ongeveer 45 euro. Als je vaccinaties toevoegt, kan dat 20 euro per injectie toevoegen.

- Kosten voor castratie/sterilisatie van 200 euro of meer zijn niet ongewoon.

- Grotere honden zoals Duitse Herders zullen meer kosten om te behandelen omdat er bijvoorbeeld meer medicatie nodig is.

- Een spoedeisend dierenartsbezoek kan gemiddeld meer dan 100 euro kosten. Dat is exclusief zaken als bloedonderzoek en röntgenfoto's. Voeg daar nog enkele honderden euro's aan toe voor die procedures. Als je hond een spoedoperatie nodig heeft, kan dat in de duizenden euro's lopen.

Ik denk dat je het beeld wel hebt – en dat het een huisdierenverzekering ineens heel aantrekkelijk maakt.

Huisdierenverzekering

De premies voor huisdierenverzekeringen zullen variëren afhankelijk van de leeftijd van je hond bij inschrijving, je eigen risico en de medische diensten die worden gedekt door het type verzekering dat je koopt. Het bereik waar je naar kijkt, zou over het algemeen maandelijkse premies zijn variërend van 20 tot 60 euro.

Voer en Traktaties

Alle kosten die ik specificeer zullen variëren, en zo is het ook met voer en traktaties. Als je hond in principe een droge brokkeneter is (ik ken er persoonlijk niet veel van die), zal je voedselbudget vrij basaal zijn. Als je wat blikvoer, nat voer gaat toevoegen, beginnen de kosten op te lopen. Als je je hond een rauw dieet geeft, kan dat erg duur zijn, tenzij je het meeste vlees zelf verwerkt. Laten we je voedselrekening gemiddeld op ongeveer 60 euro per maand stellen.

Benches & Basisbenodigdheden

Verwacht dat je 100 euro of meer uitgeeft aan een extra grote bench. Goede kwaliteit halsbanden kosten 20 euro. Je kunt net zo goed stevige lijnen kopen om mee te beginnen, want je zult uiteindelijk een hond van 35 kilo aan het andere eind hebben, dus reserveer 30 euro per lijn in je budget. Het doorloophek voor huisdieren dat ik gebruik, kost ongeveer 40 euro.

Speeltjes

Hier heb je volledige keuzevrijheid. Cody heeft altijd genoten van het kauwen en verscheuren van stokken of takken, en hier op het platteland zijn die gratis. Maar hij heeft ook veel piepspeeltjes en ballen. Elk daarvan kan 8 euro kosten, dus ze lopen snel op. Ik merkte ook dat ik voor een jongere hond meer speelgoed kocht. Nu met een "volwassen" Duitse Herder koop ik minder, maar betere kwaliteit speelgoed. Als ze de eerste paar dagen overleven, weet ik dat ze een tijdje mee zullen gaan.

Training

Groepslessen zullen het meest betaalbaar zijn, maar kosten nog steeds ongeveer 150 euro voor een sessie van zes weken. Als je doorgaat met gespecialiseerde training, verwacht dan 3.000 euro uit te geven voor een persoonlijke beschermingscursus als voorbeeld.

Verzorging

Je kunt veel van de verzorging zelf doen. Als je het dagelijks en wekelijks bijhoudt, hoeven bezoeken aan een trimmer niet plaats te vinden. Onthoud, Duitse Herders hebben geen frequente baden nodig, tenzij ze absoluut vies worden of een stinkdier tegenkomen. De nagels kun je thuis knippen. Mijn hond, Cody, wordt elke avond uitgeborsteld, dus raakt hij nooit in een verwarde puinhoop, wat zijn pluche vacht zou neigen te doen. Als je naar een trimmer gaat, zou je tot 90 euro per sessie kunnen betalen als je zelden gaat. Vergeet niet de tanden van je hond te poetsen. Ze zijn dol op tandpasta met pindakaassmaak.

Dagopvang/Hondenuitlaatservice

Hondenopvang kan ongeveer 40 euro per dag kosten. Voor een hondenuitlaatservice betaal je waarschijnlijk ongeveer 20 euro per wandeling.

We zijn aangekomen bij het stadium waarin je hond fysiek als kool zal beginnen te groeien. Er vindt ook een mentaal rijpingsproces plaats. Als verantwoordelijke eigenaar moet je bovenop je evoluerende Duitse Herder blijven om ervoor te zorgen dat ze de sociale, verantwoordelijke, gehoorzame hond wordt die ze moet zijn. Nu is het moment waarop je vroeg tijd moet investeren in het aanpakken van veel van de irritante gewoonten zoals kauwen en graven die uit de hand kunnen lopen als je ze nu niet beteugelt.

Ik herinner me dat mijn Duitse Herder, Cody, als puppy de vervelende gewoonte had om stenen op te pakken en erop te kauwen. Ik moest erop letten en elke keer als hij een steen oppakte, nam ik die van hem af en zei ik 'nee'. Ik droomde over Cody die op stenen kauwde. Als ik met mijn vrouw en de hond ging wandelen, zei ik altijd tegen haar: "Heeft hij net een steen opgepakt?" Als mijn puppy volhardend kon zijn in het kauwen op stenen, kon ik net zo volhardend zijn in het afpakken ervan. Ja, het gedrag kan maanden duren, maar je kunt uiteindelijk winnen. Laten we eens kijken naar enkele van die dingen die je vroeg moet aanpakken, zodat je later geen hondse jeugddelinquent hebt.

HOOFDSTUK 6
Een Trotse Puppyouder Zijn

Foto:
Morgan Hill

Laat me dit hoofdstuk beginnen met een persoonlijk verhaal. Mijn Duitse Herder, Cody, is nooit gemotiveerd geweest door beloningen in de vorm van snoepjes. Dat ontdekte ik al vroeg in mijn carrière als hondenbaasje. Dus moest ik uitvogelen wat hem motiveerde om dingen te doen die ík wilde dat hij deed, maar waar hij meestal weinig tot geen interesse in had. Als pup was een van de eerste dingen die ik Cody wilde leren om naar me toe te komen als ik hem riep. Trainers noemen dit "recall" of, afhankelijk van hoe goed het wordt uitgevoerd, "solide recall". Klinkt eenvoudig genoeg, maar probeer maar eens een peuter van twaalf weken, die alleen maar wil snuffelen en stenen in zijn mond wil stoppen, te vertellen dat hij moet komen als dat gevraagd wordt. Naarmate de dagen verstreken met minimaal tot geen succes, ontdekte ik dat hij het leuk vond om achter me aan te rennen en zeker ook om achterna gezeten te worden. Dus zei ik "Kom" en rende van hem weg, en wanneer hij me te pakken kreeg, aaide ik hem altijd en vertelde hem wat een brave hond hij was. Voor Cody draaide en draait het allemaal om het spel en de positieve bekrachtiging die hij krijgt wanneer hij iets doet wat ik hem vraag.

Dat is mijn omslachtige manier om je te vertellen dat je je in je carrière als puppyouder moet richten op positieve bekrachtiging van het gedrag van je Duitse Herder. Negatieve bekrachtiging, of straf, leert je hond alleen maar om gedrag aan te passen uit angst. Ik ken niemand die het leuk vindt om een angstige hond te zien, die in elkaar duikt vanwege een misstap. Het leven is te kort. Dus positieve bekrachtiging zou de basis moeten zijn van alles wat jij en je hond bereiken. Het zal niet gemakkelijk zijn. En onthoud, als je tegen iemand wilt schreeuwen, zoek dan een spiegel op.

Bench Controverse

Ga naar een Duitse Herder-groep op Facebook of andere sociale media en vraag of je je Duitse Herder bench-training moet geven, en doe dan een stap terug. Er zal een donderende lawine van voorstanders komen en een even grote barrage van tegenstanders. Mensen die geen voorstander zijn van bench-training zullen zeggen dat opsluiting wreed is en dat ze hun honden nooit in een kooi zullen laten opsluiten. Degenen die het gebruik van een bench ondersteunen, zeggen dat bench-training slechts een hulpmiddel is en dat het een hond juist een gevoel van veiligheid kan geven.

Hier begint het concept van positieve bekrachtiging zich in je huis af te spelen. Bench-training mag niet worden misbruikt. Het is niet bedoeld als straf. Het is bedoeld als een persoonlijke ruimte voor je Duitse Herder, als een toevluchtsoord als ze er genoeg van heeft en even weg wil van alles. Een van de belangrijkste argumenten tegen het gebruik van een bench is dat het niet goed is voor je Duitse Herder om zestien uur per dag opgesloten te zitten. En daar ben ik het mee eens. Het mag nooit worden gebruikt als vervanging voor een hondenuitlater of hondendagopvang, of zelfs voor jou die van de bank af komt om een deel van die tienduizend stappen te zetten die we allemaal dagelijks zouden moeten lopen om gezond te blijven. Het kan wel voor enkele uren overdag

worden gebruikt wanneer je weg moet en je wilt dat je hond veilig is. Cody slaapt 's nachts in zijn bench en gaat er elke avond rond zeven uur vrijwillig in. Soms vind ik hem daar ook op andere momenten, vooral na de lunch als hij een siësta houdt. Dat is zijn gewoonte en hij is er tevreden mee. Je moet je eigen routine uitvogelen en je daaraan houden.

Foto:
Celeste Schmidt
Dakonic GSDs

Dus, hier is wat ik voorstel. Geef je puppy bench-training. Het zal nuttig zijn voor haar, en voor jou, terwijl ze door enkele van de meer destructieve, jeugdige fasen gaat. Beslis naarmate je Duitse Herder ouder wordt of het blijven gebruiken van een

Foto:
William Chilton

bench zinvol is voor jouw levensstijl of niet. Ga dan verder met je leven. De hemel zal niet naar beneden vallen als je wel of geen bench-training geeft. Maar nu we het toch over benches hebben, laten we enkele basis-principes doornemen over hoe je het meeste kunt halen uit wat uitein-delijk slechts één optie is in je arsenaal aan trainingsmiddelen.

Bench Cultuur

Alle honden willen leren. Sommige zijn slimmer dan andere, dat is waar, en het kan voor sommige honden een langere leercurve zijn, maar uiteindelijk willen ze allemaal het juiste doen, jou plezieren, en gelukkig zijn. Duitse Herder-puppy's zijn echter nog lichtjaren verwijderd van ver-antwoordelijk zijn. Ze worden gestuurd door hun zintuigen, hun eetlust en een onverzadigbare nieuwsgierigheid. Dat kleine puppy-pakketje dat ik zojuist heb beschreven, is wat hen in de problemen kan brengen. Soms ernstige problemen die hen kunnen kwetsen, dus het is aan jou om ver-antwoordelijk te zijn omdat zij dat nu niet kunnen zijn. Een van die manie-ren om aan je verplichtingen te voldoen, is het gedrag van je puppy te mo-nitoren en te controleren.

De Eerste Paar Weken

Jij en je puppy hebben elkaar leren kennen. Een van de belangrijke dingen waaraan je je pup hebt moeten blootstellen, is tijd doorbrengen in zijn bench. Zijn voer- en waterbakjes moeten daarin staan, zodat hij er tijdens etenstijd vrijwillig in gaat. Ik zou de bakjes op andere momenten niet in de bench laten staan. Leg zijn speeltjes in zijn bench zodat hij naar binnen moet om ze te pakken. Sluit de deur niet achter hem zodat hij niet denkt dat hij elke keer als hij naar binnen gaat, opgesloten zal worden. Zijn dagbed moet daarin staan. Traktaties moeten in de bench worden uitgedeeld. Je moet de indruk wekken dat alle goede dingen rond de bench draaien. 's Nachts moet hij in de bench in de slaapkamer zijn, zodat hij die routine begint te begrijpen en weet wat er van hem wordt verwacht. We zullen dieper ingaan op het nut van dit hulpmiddel, maar het volstaat te zeggen dat benches ook een grote rol kunnen spelen bij zindelijkheidstraining. Duitse Herders zijn ongelooflijk slim en pikken de meeste dingen zeer snel op. Als ze je niet het gewenste gedrag geven, is dat omdat je nog niet de juiste sleutel hebt gevonden om het te ontgrendelen.

Kauwen & Bijten

Bijten en mondgedrag is waarschijnlijk de meest voorkomende klacht van Duitse Herder-eigenaren. Het begint op zeer jonge leeftijd en als het niet wordt aangepakt, strekt het zich uit tot in de volwassenheid. Duitse Herders verkennen dingen met hun mond. Ze stellen zichzelf gerust door op dingen te kauwen. Speelgoed, schoenen, plinten, tapijten, noem maar op, deze honden zijn allemaal genieën als het gaat om dingen uit elkaar halen. Bekijk de overlevingsstrategieën die ik heb geschetst in het volgende gedeelte over tandjes wisselen.

Tandjes Wisselen

Een van de redenen waarom je Duitse Herder kauwt, is het wisselen van tandjes. Je puppy heeft achtentwintig melktandjes, maar soms voelt het als veel meer. Hij zal die scherpe tandjes beginnen te verliezen vanaf ongeveer twaalf weken oud. Daarin ligt het probleem. Puppy's kauwen van nature graag, maar wanneer het tandjes wisselen in volle gang is, brengt dat alles naar een heel nieuw niveau. Melktandjes die uitvallen, volwassen tanden die langzaam doorkomen, is een recept voor slecht gedrag van je Duitse Herder en frustratie van jouw kant. Dat gezegd hebbende, zijn er enkele strategieën om ermee om te gaan.

Wanhopige Strategie #1

Afleiden en afleiding. Wanneer je puppy bijt, zeg je nee en maak je er een grote show van om hem een favoriet speeltje te geven om mee te spelen. Verander zijn gedachten. Ik weet dat ik het eerder heb genoemd, maar het werkt echt.

Wanhopige Strategie #2

Als je pup bijt, zeg dan luid "au" en stap bij hem weg. Stop elk spel dat gaande zou kunnen zijn. De theorie is dat je kleine genie zal associëren dat bijten betekent dat de speeltijd wordt weggenomen en dat hij daarom zichzelf zal corrigeren. Dat is in ieder geval de theorie.

Wanhopige Strategie #3

Dit is een techniek die ik bij Cody heb gebruikt en zijn puppybrein leek het vrij snel op te pikken. Wanneer hij me zou bijten, zou ik natuurlijk nee zeggen, misschien eerst met een "au". Dan zou ik mijn hand in zijn mond leggen met mijn duim onder zijn tong en mijn wijsvinger onder zijn kin. Omdat dit de hond ongemakkelijk maakt, zullen ze worstelen om bij je weg te komen. Het doet de puppy geen pijn en ze leren al snel dat als ze op jou kauwen, jij op hen leunt. Zoals ik al zei, het zijn slimme kleine wezens.

Grommen & Blaffen

Iets om in gedachten te houden is dat alle puppy's grommen, blaffen en bijten. Het zit in hun aard, het is hoe ze met elkaar spelen, het is hoe ze met jou willen spelen, het is normaal gedrag. Je zou je Duitse Herder-puppy na een paar dagen goed genoeg moeten kennen om het verschil te zien tussen spelen en pure agressie. De meeste puppy's hebben een vrij ontspannen lichaam in speelmodus, maar als je wat spanning opmerkt, is het tijd om te stoppen. Stop het spel, verwijder jezelf indien nodig, en geef je puppy tijd om te resetten. Hij wil je tijd en aandacht meer dan wat dan ook, dus hij zou de signalen snel moeten oppikken.

Graven en Graven en Graven

Waarom graven puppy's? In de eerste plaats gaat je Duitse Herder-puppy graven voor vermaak omdat ze zich verveelt. Hier is de beste manier om met dat gedrag om te gaan.

- Beweging. Hoewel het belangrijk is om het lichaam van een puppy niet te overbelasten door haar fysiek te veel te laten bewegen, moet je haar wel de mogelijkheid geven om al die jeugdige energie te verbranden. Veel korte wandelingen, spelen met speelgoed, zelfs eenvoudige spelletjes apporteren zullen je Duitse Herder helpen moe te worden. Het oefenen van commando's zal iedereen uitputten, dus vijf minuten daarvan per keer en niemand zal nog energie hebben voor wat dan ook.

Er zijn verschillende andere motivaties voor het omwoelen van de achtertuin. Sommige oudere pups zijn op zoek naar een verandering van omgeving. Niet dat de gastvrijheid bij jou thuis niet geweldig is, het is gewoon dat er een hele wijde wereld daarbuiten te ontdekken valt. Dat kan de reden zijn waarom Zelda probeert te ontsnappen door onder het hek door te graven of langs een funderingsmuur. Hier zijn enkele benaderingen om te helpen omgaan met de ontsnappingskunstenaar.

- Allereerst, houd toezicht op je puppy terwijl ze in de achtertuin is. Als je haar daar gewoon loslaat en dan de hele dag weggaat, dan krijg je wat je verdient. Dat zou nooit het geval mogen zijn. Terwijl je haar observeert, kun je stappen ondernemen om het te stoppen als je graafgedrag ziet. Ga naar buiten, zeg nee en houd haar een paar minuten bezig met een activiteit die de gedachten van de hond zal veranderen.

Foto:
Autumn Raines

- Je kunt enkele fysieke barrières installeren die voorkomen dat er onder een hek wordt gegraven, zoals harmonicagaas dat aan de grond is verankerd.

Hier is mijn als-al-het-andere-faalt suggestie. Sommige Duitse Herders vallen, ongeacht hoeveel je probeert hun gedrag te veranderen, af en toe nog steeds terug op oude, slechte gewoonten. Misschien hadden ze een stressvolle dag in het hondenpark of was hun avondkom brokken niet helemaal naar wens. Ze weten misschien niet eens de reden, maar voor je het weet vliegt de aarde in het rond. Als je met je rug tegen de muur staat, probeer dan dit.

- Wijs een gebied aan waar graven WEL is toegestaan. Ik weet het, klinkt tegenstrijdig, toch? Nou nee, niet echt. Graven wordt een beloning, een gecontroleerd gedrag. Je kunt ze naar het gebied brengen en prijzen. Speciaal speelgoed kan begraven schatten zijn voor Zelda om te ontdekken. Als het graven op een andere plek begint, stop die activiteit dan onmiddellijk en ga naar de toegestane graaflocatie.

Soms is het net zo belangrijk om te weten hoe je niet moet handelen. Het socialiseren en trainen van een Duitse Herder kost tijd en er zijn zeer weinig shortcuts. Ik wil dit gedeelte afsluiten met verschillende dingen die ik niet aanbeveel bij het omgaan met een gravende hond.

- In lijn met de positieve bekrachtigingsbenadering, geen elektrische omheiningen. Het is echt een straf om een verandering te bewerkstelligen. Een hond schokken wanneer ze een barrière nadert, kan één gedrag genezen terwijl het mogelijk verschillende andere problemen creëert.

- Gebruik geen hete peperspray of andere brouwsels die je puppy en andere dieren kunnen schaden. Steek tijd in het helpen van je Duitse Herder, niet in het kwetsen van haar.

- Straf je hond nooit voor graven. Corrigeer het gedrag zodra je het ziet gebeuren, zodat de puppy de vermaning associeert met iets onaanvaardbaars.

Nog een laatste opmerking. Cody, op de rijpe leeftijd van vijf, heeft nog steeds één plek waar hij graag gaat graven. Het is toevallig in een bloemperk vlak bij de voordeur. Hij is nooit stiekem geweest over waar hij graaft, het is gewoon die ene plek die voor hem onweerstaanbaar lijkt te zijn. Als hij ziet dat ik naar hem kijk, stopt hij en doet hij alsof hij de dingen alleen maar aan het inspecteren was. Oude gewoonten sterven moeilijk. Kun je het graven?

Verlatingsangst

Verlatingsangst komt vaker voor dan je denkt, en het kan zich al vroeg in het leven van je puppy ontwikkelen. Dierenartsen van de Universiteit van Illinois suggereren dat maar liefst veertig procent van de honden in het land een vorm van verlatingsangst kan ervaren. Honden binden zich snel aan hun eigenaren. Onthoud dat jij de bron bent van al het goede voedsel en ervaringen. Jij bent hun toegangspoort tot plezier. Wanneer je het huis verlaat zonder hen, kunnen sommige honden, vooral herplaatsers, zich verlaten voelen. Ze zijn bang dat je nooit meer terugkomt. Hier zijn enkele omstandigheden die verlatingsangst kunnen veroorzaken.

- Je schema verandert plotseling zonder poging om naar de herziene uren over te gaan.

- Verhuizen naar een nieuwe locatie.

- Een familielid waaraan ze gehecht zijn, verdwijnt plotseling. Het kan iemand zijn die naar school gaat of helaas een sterfgeval in de familie.

- Sommige honden moeten worden herplaatst zonder dat het hun schuld is en dat kan angst veroorzaken.

Je realiseert je misschien niet dat je verandering in omstandigheden een emotioneel probleem bij je Duitse Herder heeft veroorzaakt totdat hij begint te reageren. Geen van de gedragingen die de hond met verlatingsangst vertoont, kan als opzettelijk worden beschouwd, wat betekent dat ze het niet doen om je te pesten of wraak te nemen omdat je hen hebt achtergelaten. Ze zijn oprecht doodsbang en hoe ze zich gedragen is een reflexreactie op angst. Je puppy kan enkele van de volgende gedragingen vertonen als verlatingsangst een probleem wordt.

- Als je je puppy bench-training hebt gegeven, kan hij proberen te ontsnappen. Sommige honden zijn sterk genoeg om draadbenches te buigen en eruit te komen. Sommige honden kunnen het metaal alleen genoeg buigen om zichzelf in de problemen te brengen. Je moet misschien stoppen met het gebruik van de bench en traphekjes gebruiken om je Duitse Herder te beperken tot een geschikte kamer.

- Vernieling van huishoudelijke artikelen. Een puppy die verlatingsangst ervaart, kan kauwen op deurkozijnen of plinten, stoelen, tafelpoten, tapijten, alles wat in zijn kamer is. Net als bij de vernieling van de bench kan je Duitse Herder zichzelf verwonden tijdens zijn aanval van angst.

- Urineren en ontlasten.

- IJsberen en blaffen.

Al deze gedragingen kunnen tekenen zijn van verlatingsangst, maar als je Duitse Herder een van deze dingen doet, is een bezoek aan de dierenarts waarschijnlijk op zijn plaats. Je moet medische problemen bij je dier uitsluiten.

Snelle Tips voor het Omgaan met Verlatingsangst

Verlatingsangst kan een complexe uitdaging zijn om mee om te gaan omdat er individuele, gecompliceerde kleine persoonlijkheden schuilen in die hondenhoofden. Als je merkt dat je Duitse Herder symptomen vertoont, zijn hier een paar algemene oplossingen om over na te denken. Je zult meer eigen onderzoek moeten doen, en je zult misschien professionele hulp moeten zoeken. Er is één ding waar je zeker van kunt zijn. Het zal niet vanzelf weggaan en je hond zal er niet overheen groeien.

Foto:
Patti Baxter - Jasper

- Net zoals je puppy onbewust geconditioneerd is om zich zorgen te maken wanneer je er niet bent, kan hij geconditioneerd worden om te ontspannen. Een van de cruciale dingen om in gedachten te houden is de negatief-positieve balans. Als je geleidelijk het negatieve in het positieve verandert, zou een gedragsverandering het resultaat moeten zijn. Honden die gemotiveerd worden door favoriet voedsel zijn het gemakkelijkst op deze manier te helpen. Speelgoed dat achterblijft met favoriete traktaties erin, kan helpen de angst te verminderen wanneer je weg bent. Korte uitstapjes en dan terug kunnen je Duitse Herder helpen begrijpen dat je altijd terugkomt.

- Voor gevallen van ernstige angst moet je een gekwalificeerde hondentrainer zoeken, of, als je het geluk hebt om in een gebied te wonen waar je diergedragsspecialisten hebt, zoek er dan een op.

Alleen Thuis

Verlatingsangst terzijde, je zou eraan moeten werken om je puppy geleidelijk aan periodes alleen te laten. Alle honden moeten leren om alleen te zijn, omdat ze gedurende hun leven met enige eenzaamheid zullen moeten omgaan. Beginnen met korte afwezigheden is de beste manier om te beginnen. Een licht aanlaten en de radio aan of wat zachte muziek op de achtergrond helpt om de menselijke afwezigheid te compenseren.

Ik weet dat, toen ik in deze fase was met Cody, ik hem in zijn bench zette, duidelijk klaar om te vertrekken met mijn gestommel, en vervolgens luid de deur achter me dichtdeed op weg naar buiten. Dan zou ik daar staan en luisteren. De eerste paar keer was er aanvankelijk stilte, en dan zou ik kleine blafjes horen, langzaam in volume toenemend. Na een minuut of twee hiervan, maar niet zoveel dat Cody volledig opgewonden was, zou ik de deur openen en terug naar binnen stampen. Het blaffen zou onmiddellijk ophouden. Dan zou ik door het huis lopen waar hij me kon zien en weer weggaan. Ik zou de dagen afwisselen met enkele korte vertrekken en dan langere afwezigheden. Soms wanneer ik thuis zou komen en als er geblaf was, zou ik binnenlopen, naar Cody in zijn bench kijken, "niet blaffen" zeggen, en hem dan laten uitlaten en zouden we verdergaan. Het waren weken van dit soort operaties voordat ik op een dag thuiskwam en er niet alleen geen geblaf was, maar het enige geluid uit de bench gesnurk bleek te zijn. Hier zijn nog enkele andere gedachten om over na te denken terwijl je door het "Alleen Thuis"-proces gaat.

1. Begin het proces zo vroeg mogelijk. Hoe eerder je Duitse Herder-puppy de routine begrijpt en beseft dat je elke keer als je weggaat daadwerkelijk thuiskomt, hoe gelukkiger iedereen zal zijn.

2. In de aanloop naar sommige afwezigheden, zorg ervoor dat je je Duitse Herder soms nadrukkelijk negeert. Hij moet weten dat je hem niet vierentwintig uur per dag gaat vermaken. Dat hij voor een deel van de dag alleen gelaten zal worden met zijn puppygedachten en zijn speelgoed voor vermaak.

3. Als je weggaat, vooral zonder bench, doe dan geen lange, emotionele afscheidsspeeches. Je wilt de puppy geen signalen geven die hem vertellen dat het tijd is om angstig te worden. Komen en gaan zonder enig vertoon is de manier om verder te gaan. Ik weet dat het hard is voor het ego, maar je komt er wel overheen.

4. Ik weet dat we het over beweging hebben gehad, maar het is echt een sleutel tot veel dingen. Zorg ervoor dat je puppy veel activiteit heeft gehad in combinatie met wat afkoeltijd voordat je weggaat. Als

je pup voldoende uitgeput is voor je vertrek, slaapt hij misschien wel de hele tijd dat je weg bent.

Bedtijd voor Beestachtige Jongen

Duitse Herder-puppy's slapen enorm veel. Je zult al snel een ritme zien in het bestaan van kleine Fritz. Slapen, eten, plassen en/of poepen, spelen, slapen, plassen en/of poepen, en de cyclus gaat door. Puppy zou in zijn bench moeten slapen om een voortdurende positieve associatie met het draadcontraption te hebben. Hier is een checklist die je kunt gebruiken om ervoor te zorgen dat bedtijd een rustige tijd is.

- Laat je Duitse Herder zoveel slapen als hij wil.
- Zorg ervoor dat je puppy overdag voldoende beweging krijgt, zodat hij 's avonds moe zal zijn.
- Zorg ervoor dat hij een plasronde heeft gehad voordat hij naar bed gaat.
- Geen frenetieke activiteit gedurende minstens een uur voor het slapengaan.
- Bedtijd moet ongeveer elke avond op dezelfde tijd zijn, zodat de routine waar alle Duitse Herders van houden vroeg wordt vastgelegd.
- Zijn slaapbench moet comfortabel genoeg zijn dat je zou kunnen overwegen om er zelf in te kruipen voor een dutje.
- Vergeet niet dat puppy's kauwmachines zijn. Er moet een speeltje in zijn bench zijn zodat hij aan die behoefte kan voldoen.

We hebben in dit hoofdstuk behoorlijk wat terrein behandeld, maar eigenlijk is alleen de basis gelegd voor een succesvol partnerschap tussen jou en je Duitse Herder. In het volgende hoofdstuk gaan we dieper in op hoe je je prachtige huis min of meer in één stuk kunt houden, EN nog steeds van je Duitse Herder kunt houden. Het is mogelijk.

HOOFDSTUK 7
Zindelijkheidstraining

"Het belangrijkste bij zindelijkheidstraining is om een schema aan te houden en voorbereid te zijn. Als de pup wakker wordt uit een dutje, neem hem mee naar buiten, als de pup klaar is met spelen, neem hem mee naar buiten, enzovoort. Let ook op de waterinname; als je pup constant plast, kun je de waterinname misschien wat meer beperken. Het is meestal ook verstandig om een paar uur voor bedtijd de waterbak weg te halen."

Celeste Schmidt
Dakonic Duitse Herders

Zindelijkheidstraining, plasjes en poepjes leren doen, noem het zoals je wilt, het doel is ervoor te zorgen dat je Duitse Herder pup leert te plassen en poepen op de goedgekeurde plek en dat hij geleidelijk leert het op te houden totdat de juiste plek beschikbaar is. De sleutel hiertoe is het begrijpen van een simpele pupformule waarmee je kunt

Foto:
Maria Stylianou

werken, en die neemt veel van het giswerk uit het poepproces. Zoals het oude gezegde luidt: timing is alles, en dat is nergens meer van toepassing dan bij een jonge hond die moet poepen en plassen. Pups kunnen het één uur ophouden voor elke maand dat ze oud zijn. Wanneer je Duitse Herder op acht weken thuiskomt, kan hij het ongeveer twee uur ophouden. Daarna wordt het een gok. Wanneer die honderdtwintig minuten voorbij zijn, is elke extra seconde een kans voor je harige deugniet. Zindelijkheidstraining zal een van de meest vervelende trainingstaken zijn die je met je kleine huisvernieler moet doorlopen, maar wanneer ze het 'snappen' en je laten weten dat ze het begrijpen, dan zullen je zuchten van opluchting straten ver te horen zijn. Laten we enkele basismethoden bespreken om je pup te laten begrijpen dat zijn behoefte doen een buitenklus is, geen binnenhuisgrap.

Het perfectioneren van de zindelijkheidsprestaties

Herinner je die controverse over benchtraining waar we het eerder over hadden? Wel, ik ga er nog even op terugkomen. Het gebruik van een bench bij zindelijkheidstraining is om een aantal redenen heel logisch.

> ➤ Herinneringen aan mama. De moederhond houdt het nestgebied schoon, ook al lopen er zes, zeven of acht pups rond die een rommel maken. Geleidelijk krijgen de puppy's het door en gaan ze verd-

er weg om hun behoefte te doen. Het idee om de directe leefomgeving schoon te houden, wordt er vroeg in geprint door die autoriteit boven alle autoriteiten: mama. De pups dragen dat juweeltje van persoonlijke hygiëne de rest van hun leven met zich mee.

> Bench op maat. Ten eerste kun je benches in verschillende maten kopen, wat helpt om je puppy voldoende ruimte te geven wanneer hij binnen is, maar niet te veel zodat hij niet naar de achterste hoek kan slenteren, daar zijn behoefte kan doen, en vervolgens terug kan wandelen naar zijn speelzone. Benches worden ook geleverd met tussenschotten, zodat je een grotere maat kunt kopen om toekomstige groei op te vangen, maar het tussenschot kunt gebruiken om de directe leefruimte aan te passen aan de huidige lichaamsgrootte van je pup.

Als je je beter voelt bij het gebruik van een puppyren in plaats van een bench, kan dat ook heel goed werken, vooral als je Duitse Herder pup nog relatief jong is. Alle technieken die genoemd worden voor benchtraining zijn ook van toepassing op de puppyren, maar met minder kosten. Dat is een kleine poging tot humor, maar mijn onderzoek vertelt me dat, afhankelijk van de puppyren, ze iets minder duur zijn dan benches.

Laten we het benchconcept even loslaten en kijken naar andere dingen die je kunnen helpen om de zindelijkheidsparade voor te blijven. Je weet dat een puppy haar urine en ontlasting slechts een beperkte tijd kan ophouden vanwege haar leeftijd. Dat is onderliggend principe nummer één, dus laten we daarop voortbouwen. Het is nooit te vroeg om routines te vestigen met je Duitse Herder pup. Combineer lichamelijke functies met routine en hier is nog een formule die je kan helpen aangeven wanneer je kleintje naar buiten moet om te plassen of poepen.

De zindelijkheidsvoorspeller

- Eerste ding in de ochtend
- Na het eten en/of drinken
- Na het spelen
- Na wat tijd in de bench
- Na een dutje
- Laatste ding 's avonds

Je kunt zindelijkheidstraining tot het uiterste doorvoeren. Ik weet het, want ik was er schuldig aan bij mijn Duitse Herder, Cody. Toen hij acht à negen weken oud was, en ik wist dat hij het op die leeftijd maar een paar uur kon ophouden, zette ik 's nachts mijn wekker en stond ik elke twee uur op om Cody naar buiten te brengen. Wel, de kleine puppy lag dan in een diepe slaap, nadat hij zichzelf in een staat van uitputting had gehuild, en ik maakte hem wakker om wankelend naar buiten te gaan en naar de sterren te staren. Soms deed hij zijn behoefte, soms stond hij te slapen op zijn puppypootjes. Ik hoefde waarschijnlijk niet zo obsessief te zijn. Ik was een helikopterouder, maar ik wist niet beter. Nu weet ik het wel en jij ook.

Die zindelijkheidsvoorspellers die ik noemde, zijn slechts enkele momenten om op te letten. Je zou behoorlijk wat tijd moeten besteden aan het observeren van je Duitse Herder; haar fysieke gedrag zal je ook aanwijzingen geven wanneer het tijd is om naar de zindelijkheidsdeur te gaan. Als je niet op haar let, zullen er ongelukjes gebeuren en dat is jouw schuld, niet de fout van je puppy. Jij bent degene met dat grote menselijke brein met al die neurale netwerken die je in staat stellen om de toekomst te voorspellen. Wel, voor jou is de toekomst nu en ze loopt rond op vier poten op zoek naar een plek om haar behoefte te doen.

Fysieke zindelijkheidsaanwijzingen

- Snuffelen. Dit betekent dat je puppy op jacht is en je hoeft niet te raden waarnaar. Ga naar buiten.

- Rondjes lopen en algemene rusteloosheid. Onrust bij je hond betekent dat een ongelukje niet ver weg is.

- Puppypauze. Duitse Herders kunnen plotseling bevriezen midden in een activiteit waar ze mee bezig zijn. Als dit gebeurt, is het tijd om snel naar buiten te gaan.

- Zitten of jammeren bij de deur. Als dit gebeurt, ben je op weg naar zindelijkheidsnirvana. Je kleine Duitse Herder begint het idee te begrijpen. Naar buiten en veel lof. Je zou zelfs naar binnen kunnen gaan en een feestelijk drankje kunnen nemen.

Zindelijkheidstaal

Hier is nog iets om over na te denken dat je leven gemakkelijker zou kunnen maken en een paar minuten kostbare tijd kan besparen. Ik zou het omschrijven als je persoonlijke poepcommando. Kies een zin die je overal en altijd kunt gebruiken, zonder overmatige gêne. Het kan zo simpel zijn als "ga plassen". Onthoud, commando's moeten kort zijn. Elke keer dat je je Duitse Herder pup meeneemt om zijn behoefte te doen, moet je klaar staan met je persoonlijke poepcommando. In het begin zal het kleintje geen idee hebben wat het betekent, maar elke keer dat hij plast of poept, herhaal je het commando. Geleidelijk introduceer je het commando voordat de lichamelijke functie van de hond plaatsvindt. Uiteindelijk, met wat doorzettingsvermogen, zouden jullie twee op dezelfde golflengte moeten zitten en kan de missie in minuten in plaats van uren worden volbracht. Het zal de snuffel- en sterrenglurende tijd van Fritz verminderen, maar hij zal er overheen komen.

Puppykamer herzien

Herinner je je de oude linoleumvloer die ik in Hoofdstuk Vier noemde? Er waren behoorlijk wat zindelijkheids"ongelukjes" in die kamer. We gebruikten in het begin krantenpapier in de Puppykamer om onze acht weken oude pup te leren op bepaalde plekken zijn behoefte te doen. Krantenpapiertraining heeft, zoals elke methode, zijn voorstanders en tegenstanders. Cody, duidelijk een ongelovige, plaste aanvankelijk op de linoleumvloer en ging vervolgens het krantenpapier verscheuren. Dat is niet hoe het krantensysteem zou moeten werken. Ik zal dit systeem kort bespreken, want ik geloof niet dat het geschikt is voor Duitse Herders – behalve als een korte overgangsfase om buiten hun behoefte te leren doen. Als je een Jack Russell hebt, dan zouden de krantenkoppen van vandaag misschien meer kunnen helpen.

Een papieren zaak opbouwen

Het idee van het neerleggen van krantenpapier (of puppy-pads) is om je Duitse Herder te laten plassen en poepen op het gebied met papier. Vervolgens verklein je geleidelijk het bedekte gebied, waarbij je uiteindelijk alleen het papier het dichtst bij de deur naar buiten laat liggen en dan helemaal geen papier meer. Ik zou deze techniek alleen gebruiken in de beginfase van de training en in noodsituaties waarin je weggeroepen wordt en niet op je puppy kunt letten. Je weet dat het NIET de bedoeling is om een zeer jonge

Foto:
Eduardo De Luna

hond voor langere tijd in een bench te laten. Dus misschien is papier het wel, althans in het begin.

Deuren openen

Hoewel sommige mensen misschien geloven dat hondenlui- ken het meest geschikt zijn voor kleine honden, kunnen Duitse Herders ze ook gebruiken. Als het gaat om zindelijkheidstraining, kunnen ze een tijdsbesparing zijn als je huis op de juiste manier is ingericht; niet alleen tijdbespa- rend, maar als je je puppy onbe- waakt thuis moet laten, dan hoef je je geen zorgen te maken dat hij een rommel maakt als hij goed zindelijk is. Elke keer dat je puppy naar buiten moet om zijn behoef- te te doen, heb je hem door de-

Foto:
Nicole Mckenzie

zelfde deur naar buiten gebracht, toch? Elke keer dezelfde deur, dezelfde routine. Honden gedijen op het kennen van de regels en het begrijpen van wat er gaat gebeuren. Als je een hondenluik hebt, is de regel om Juni- or daardoor naar buiten te brengen om zijn behoefte te doen, zodat het gewoon het ding wordt dat je doet.

Wanneer je klaar bent om te zien of je puppy het zelf kan redden, moet je er in eerste instantie voor zorgen dat de binnenleefruimte waar je puppy zich in bevindt relatief klein is. Je wilt dat alles hem doet denken aan Herinneringen aan Mama. Hij zal zijn binnenruimte niet willen gebruiken om zich te ontlasten, dus gaat hij door het hondenluik naar buiten. Je bui- tenruimte moet veilig zijn, zodat Junior niet in de problemen kan komen tijdens zijn zindelijkheidsuitstapje. Een hondenluik kan je helpen bij het oplossen van de zindelijkheidspuzzel.

Het tijdsbestek

Een van de onbeantwoorde vragen van dit hoofdstuk is: hoe lang gaat dit hele proces duren? Hoeveel dagen, weken, maanden ga ik dit kleine genie in de gaten houden voor tekenen dat ze naar buiten moet naar de zindelijkheidszone? Wanneer kan ik eindelijk wat slaap krijgen, wanneer is dit voorbij? Om eerlijk te zijn, het is een open vraag. Duitse Herders zijn extreem slim, dus als het lang duurt en je je afvraagt waarom, kun je beter weer eens in de spiegel kijken. Vier maanden zou een ruime schatting moeten zijn, maar veel honden zijn al veel eerder goed op weg om zindelijk te worden. Met dat goede nieuws onder de riem, kunnen we ons voorbereiden op het volgende hoofdstuk. Het gaat allemaal over je Duitse Herder en de buitenwereld. Ze weten niet automatisch hoe ze zich in elke situatie moeten gedragen, en ze zullen naar jou kijken voor aanwijzingen over hoe hun gedrag zou moeten zijn. Laten we het het hoofdstuk over het sociale dier noemen.

HOOFDSTUK 8
Het Sociale Dier

"Neem je nieuwe Duitse Herder pup mee naar buiten en laat hem kennismaken met mensen en honden zodra je dierenarts zegt dat het veilig is om dit te doen."

Tracy Berg
vom Haus Berg Duitse Herders

Foto:
Patti Baxter – Jasper

Socialisatie. Waarom zouden we daarover moeten nadenken in relatie tot onze Duitse Herder pups? Kunnen we niet gewoon met de stroom meegaan, het op zijn beloop laten en één dag tegelijk nemen? Het korte antwoord is nee. Hondengedrag kan extreem onvoorspelbaar zijn TENZIJ je moeite hebt gedaan om je Duitse Herder te vormen en bloot te stellen aan de verschillende sociale mogelijkheden en verantwoordelijkheden in de grote, wijde wereld.

Ik wist dat een van mijn grootste uitdagingen bij het thuisbrengen van onze Duitse Herder de socialisatie zou zijn, omdat we op het platteland wonen. Er zijn geen andere honden om Cody aan bloot te stellen, er komen weinig mensen langs in de loop van een week, en afgezien van een verdwaalde eekhoorn, konijn of coyote, zit Cody vooral in mijn bloeddoorlopen, bruine ogen te staren. Dus heb ik er een punt van gemaakt om hem mee te nemen in de auto, de drie kwartier durende rit naar het dichtstbijzijnde losloopgebied te maken, één-op-één lessen te nemen met een trainer, en hem in het algemeen bloot te stellen aan wat de dag te bieden heeft. Moet de incidentele onderhoudsmonteur het verdragen dat Cody tegen hem aan komt snuffelen, in een poging hem een versleten frisbee te laten gooien of een lekke basketbal de heuvel af te laten schoppen zodat de hond erachteraan kan rennen? Zeker, maar als ik die socialisatie-inspanningen niet had gedaan, zou ik hoogstwaar-

75

Foto:
Erin Huntley

schijnlijk een angstige, onzekere en potentieel gevaarlijke hond van veertig kilo hebben gehad die alleen maar het valse stereotype van de agressieve, oncontroleerbare Duitse Herder zou bestendigen. Dat wilde ik niet en jij ook niet.

Focus op het Positieve

De eerste zestien weken van het leven van een pup zijn een kritieke periode voor je Duitse Herder. Haar persoonlijkheid begint vorm te krijgen en gedragspatronen worden gevormd. De tijd die je er nu in steekt, zal zich later dubbel en dwars terugbetalen. Net zoals je trainingsmethoden altijd positieve bekrachtiging moeten bevatten, moet je socialisatieaanpak ook gericht zijn op het positieve. Als je klaagt over hoe groot deze klus is en hoeveel tijd het zal kosten, en je niet zeker weet of je pup werkelijk een gerichte socialisatie-inspanning nodig heeft, onthoud dan het volgende: De Amerikaanse Vereniging voor Diergedrag (AVSAB) heeft een ernstige waarschuwing over wat er kan gebeuren als je Duitse Herder onvoldoende gesocialiseerd is.

> ➤ "Gedragsproblemen, niet infectieziekten, zijn de belangrijkste doodsoorzaak voor honden onder de drie jaar."

Een hond hebben draait allemaal om het omgaan met mogelijkheden, en dit is een van die momenten waarop je moet nadenken over hoe je hond het zou redden als jij niet meer in beeld zou zijn. Een sociaal aangepaste hond, eentje die goed omgaat met het ontmoeten van nieuwe mensen en graag verschillende plaatsen verkent, vergroot haar kansen dat ze een goed leven zal blijven hebben zonder jou. Speel op zeker en misschien, heel misschien, kun je het leven van je hond redden, zelfs als jij er niet meer bent.

Positieve Voorbereidingen

Ik noemde het verkennen van de wereld een positieve ervaring maken en dat kun je op verschillende manieren bereiken. Haast je pup niet in situaties. Laat haar tot op zekere hoogte haar weg voelen. Je moet ook onthouden dat Duitse Herders, zelfs puppy's, oppikken hoe jij je voelt. Als jij gespannen bent, zullen zij ook gespannen raken. Probeer dus te ontspannen en neem de tijd. Je pup op een strak socialisatieschema zetten kan meer kwaad dan goed doen. Je wilt je Duitse Herder uit haar comfortzone halen, maar geleidelijk. Als je angst creëert bij je hond, ga je achteruit. Een andere manier om het positieve te stimuleren is om royaal te zijn met traktaties als je op pad bent. Als Sheba dol is op kleine zoete aardappelhapjes, zorg dan dat je er wat van in je zak hebt voordat je volgende kennismakingsexpeditie met de wereld plaatsvindt.

Foto:
Colleen O'Connor

Nadat je Duitse Herder een week of twee op het erf is geweest en de tijd heeft gehad om te wennen aan de nieuwe gezichten en aan een deel van de routine van haar nieuwe leven, is het tijd om Sheba serieus te gaan socialiseren. Je kunt haar kennissenkring uitbreiden naar familie, vrienden en buren. Een van de beste stappen die we ooit hebben gezet, was om onze buurman kennis te laten maken met Cody toen de pup net thuiskwam. Onze buurman is nu zo vertrouwd met onze hond dat hij voor Cody zorgt als wij weg zijn. Het is echt het beste van twee werelden voor jou en je Duitse Herder als mensen in je omgeving kunnen helpen voor de hond te zorgen wanneer dat nodig is. Er vindt een intens bindingsproces plaats tijdens deze vroege periode. Dit is wanneer je Duitse Herder leert je te vertrouwen en jij wat vertrouwen in haar begint te krijgen.

Mijn Tip

> Om het bindingsproces tijdens deze socialisatieperiode te versterken, zijn hier enkele don'ts. Maak je pup nooit bang "gewoon voor de lol". Plaag je hond nooit "voor de grap". En tot slot, sla je Duitse Herder nooit "om hem een lesje te leren". Duitse Herders moeten weten dat jij een constante, betrouwbare, positieve aanwezigheid in hun leven bent. Jij bent hun hele wereld, dus maak er geen slechte van.

Je zult moeten wachten tot het eerste vaccinatieprogramma van je pup is afgerond en ze haar immuniteit heeft opgebouwd voordat je je horizon kunt verbreden naar volledige blootstelling, maar wacht niet met het starten van het socialisatieproces. Begin langzaam, maar zodra de inentingen achter de rug zijn, is de hemel de limiet. Laten we nu eens kijken naar enkele specifieke interacties die je pup moet hebben.

Foto:
Sherry Schuessler
schuesslerstudios.com

Hondengedrag

Het is cruciaal om je Duitse Herder pup andere honden te laten ont-moeten en ermee om te laten gaan. Jij en Axel zullen wat socialiseren in de puppyklas, maar het is ook belangrijk dat puppy's oudere honden ontmoeten om hun leercurve voort te zetten. Je Duitse Herder zou in zijn eerste acht levensweken wat sociale basisvaardigheden hebben geleerd van zijn moeder en ongetwijfeld van zijn nestgenoten. Maar voor Axel om een volwaardig lid van de maatschappij te worden, heeft hij wat vol-wassen voorbeelden nodig. Veel mensen huiveren bij het idee van los-loopgebieden voor hun kleine baby, maar dat is juist waar je een dwars-doorsnede van de hondenmaatschappij vindt.

De Hele Bende Is Er

- De Pestkoppen die geen nee kunnen accepteren zijn altijd in het park te vinden.
- De Angsthazen die ineenkrimpen bij al het geblaf zijn er.
- De Kleine Dappere hondjes die denken dat ze drie meter groot zijn, paraderen daar.

- De Coole Gasten die er alleen zijn om te snuffelen, en misschien een slokje water, hangen daar rond.

- De Relaxte Hippie Hond met de bandana en een sullige glimlach op zijn gezicht komt zeker opdagen.

- De Grote Jongens die gewoon rondstaan en niet veel anders doen dan kwijlen, zijn meestal aanwezig.

Met zo'n mix van persoonlijkheden moet je voorzichtig zijn bij het introduceren van kleine Axel in deze ruwe omgeving. Tegen de tijd dat jij en je Duitse Herder je opwachting maken in het lokale park, moet je tenminste enige controle hebben over je pup. Een betrouwbare mate van recall, komen als je roept, is een vereiste omdat aan de lijn zijn in het hondenpark geen goed idee is. De enige hond aan de lijn in het park zijn is als een bokser met één hand op de rug gebonden. Axel moet mobiliteit hebben om zich te kunnen bewegen en mogelijk zichzelf uit lastige situaties te kunnen redden.

Spelen met de Grote Jongens

"Houd alle interactie de eerste paar weken in de gaten. Als ze te agressief worden in het spel, haal ze dan uit elkaar en kalmeer ze. Laat bij interactie met een volwassen hond de volwassen hond niet domineren of de pup 'vastpinnen'. Het kan hondenaggressief gedrag bij je nieuwe pup veroorzaken."

November Holley
Harrison K-9

Voordat je je Duitse Herder meeneemt om met de grote jongens te spelen, is wat voorkennis op zijn plaats. Wat is de beste tijd om een nieuwkomer naar het hondenpark te brengen? Waarschijnlijk de rustigste tijd mogelijk, dus in het begin is het vermijden van weekenden, avonden en vroeg in de ochtend de beste aanpak. Het hondenpark is geen vervanging voor andere beweging, dus zorg ervoor dat je pup al wat lichaamsbeweging heeft gehad voordat je naar het park gaat. Dat zal de scherpe kantjes van zijn energie afhalen en hem wat beschaafder maken zodra het hek van het losloopgebied opengaat. Oké, daar gaan we, je bent in het hondenpark. Pak je mentale checklist erbij.

- Houd het bezoek kort. Niet meer dan vijftien minuten, zelfs minder als je merkt dat je Duitse Herder overmatig angstig is.

- Doe de riem af. Aangelijnde honden kunnen extreem defensief zijn en loslopende honden kunnen agressief zijn in gemengd gezelschap.

- Ik raad speelgoed of traktaties in het hondenpark niet aan. Ze zijn gewoon een aanleiding voor een ruzie.

- Ruim op na je huisdier. De meeste parken bieden plastic zakjes en vuilnisbakken voor afvoer, maar neem voor de zekerheid je eigen zakjes mee.

- Houd je Duitse Herder altijd in de gaten. Alleen omdat jouw hond zich goed gedraagt, betekent niet dat iedereen dat doet, en als er problemen ontstaan, wil je die afkappen voordat iemand gewond raakt.

Uit mijn ervaring zullen de meeste oudere honden puppy's wat ruimte geven, maar als de jongeling te energiek is of geen grenzen respecteert, zullen de grote jongens hem op zijn plaats zetten. Dat is allemaal onderdeel van volwassen worden en de regels begrijpen. Je moet ervoor zorgen dat er tijdens je uitstapje niets vervelends gebeurt, dus houd je ogen open. Nogmaals, uit mijn ervaring genieten de meeste Duitse Herders van hondenparken, maar willen ze niet per se met andere honden spelen. Cody heeft het naar zijn zin maar toont wat afstandelijkheid en geen enkele andere hond heeft hem echt lastiggevallen.

Huisdieren en Pikorde

Een nieuwe Duitse Herder-pup thuisbrengen en ervan uitgaan dat hij het meteen goed zal kunnen vinden met je bestaande, relaxte hond en misschien een pittige kat, zonder daar goed over na te denken, is vragen om problemen. Hier lees je hoe je kunt voorkomen dat je leven gecompliceerd wordt en je mogelijk een grote dierenartsrekening krijgt.

Senior Rover

Je oudere hond heeft het huis voor zichzelf gehad. Voor zover hij weet, is het "zijn" territorium, dus wanneer je je pup in de vergelijking brengt, is het een soort huisinvasie. Je moet gewoon je best doen om ervoor te zorgen dat Rover de kleine indringer verwelkomt met een kwispelende staart. Als Rover een oudere Duitse Herder is, kunnen ze extreem beschermend zijn over hun territorium, dus je wilt ervoor zorgen dat de eerste kennismakingen kort zijn en, vooral, niet bedreigend voor beide honden. In eerste instantie betekent dat een soort neutraal terrein. De eerste ontmoeting moet buiten plaatsvinden; het kan op de stoep verderop in de straat zijn, het lokale park, overal waar Rover het niet als zijn eigen terrein beschouwt.

- Je zult beide honden aan losse riemen moeten hebben. Controle is belangrijk, maar de honden moeten de kans hebben om te snuffelen en rond te bewegen.

- Ruiken is van het grootste belang voor honden en elke geur gaat in hun geheugenbank. Je wilt dat Rover de geur van de pup herkent voor de volgende keer.

- Onthoud, honden voelen wat jij voelt, dus haal diep adem en kalmeer jezelf.

- Als je Duitse Herder pup overmatig opgewonden is, loop dan weg en breng hem na een paar minuten terug. Je kunt een korte wandeling proberen zodat de honden de kans krijgen om wat energie kwijt te raken. Je zult vrij snel kunnen zien hoe de nieuwkomer het doet bij de veteraan.

Het belangrijkste in deze relatieopbouwende oefening is om de dieren hun eigen dynamiek te laten uitwerken. De oudere hond zal dominant zijn, en Rover moet niet gecorrigeerd worden als hij kleine Jaeger op zijn plaats moet zetten. Je kunt een grom en misschien zelfs een snap of twee tegenkomen en het is zeker iets om in de gaten te houden, maar het kan gewoon een volkomen normale interactie zijn tussen een gevestigde hond en een pup die onwetend de regels overtreedt. Als de eerste ontmoeting goed ging, zou de volgende stap zijn om de twee honden wat tijd in je voortuin te laten doorbrengen. Voordat je het huis binnengaat, zorg ervoor dat je je Duitse Herder eerst naar binnen brengt om hem te laten wennen aan de binnenomgeving en geuren. Elke keer dat ze elkaar ontmoeten, kunnen Rover en Jaeger meer tijd in elkaars gezelschap doorbrengen, maar je moet altijd een scherp oog houden. Duitse Herders en andere honden kunnen betrouwbaar zijn, maar hun gedrag is nooit honderd procent gegarandeerd.

Poesjes

Het begrijpen van prooidrift is belangrijk als het gaat om Duitse Herders en katten. Duitse Herders houden ervan om dingen achterna te zitten. Het zit in hun genen, teruggaand naar Max von Stephanitz en de schaapherdersdagen. Duitse Herders hebben verschillende gradaties van prooidrift, maar het schiet onvermijdelijk in een hoge versnelling wanneer iets kleins voorbijrent. Zoals een kat. Jonge Duitse Herder-puppy's kunnen niet veel schade aanrichten aan Kitty, maar als hun gedrag ten opzichte van de kat niet vroeg wordt bijgestuurd, kan dat later een probleem worden. Dus moeten we de pup leren dat Kitty geen prooi is en dat je graag zou willen dat ze vrienden en vertrouwelingen worden. Oké, misschien niet vertrouwelingen.

Voordat Zelda ooit Kitty ziet, moet de beste introductie voor beiden een geurige zijn. Het is echt een geurtest. Ik wil benadrukken dat het belangrijk is dat de twee dieren elkaar uiteindelijk ontmoeten in de omgeving waarin ze zullen samenleven, dus voor het doel van deze kleine oefening ga ik ervan uit dat we een binnenkat hebben. Laat je Duitse Herder pup wennen aan de geur van de kat voordat er een fysieke introductie plaatsvindt. De eerste face-to-face kan zijn met de pup in zijn bench en Kitty vrij om veilig te verkennen. Het kan ook zijn met beide dieren in de kamer met Zelda aan de lijn. Elke beweging naar de kat toe moet in het begin worden beantwoord met een stevige "nee" en dit is een goed moment om het versterken van het "zit"-commando te oefenen.

Zoals je je kunt voorstellen, is het van het grootste belang om de zaken onder controle te houden. Er is een theorie die zegt dat katten kunnen aanvoelen wanneer puppy's/honden onder controle zijn en dat ze eerder geneigd zullen zijn om contact te maken als ze het gevoel hebben dat het veilig is om dat te doen. Als Kitty en Zelda vrienden kunnen worden, is dat geweldig, maar ze moeten op zijn minst leren elkaar te verdragen. We zullen wat commando's voor Zelda doornemen in hoofdstuk 12, maar een van mijn meest gebruikte commando's bij mijn vijfjarige Herder, Cody, is "los". Dat is zeer toepasselijk om mogelijk Kitty's leven te redden en/of het zicht van je Herder als het op krabben aankomt. Afhankelijk van wat voor soort relatie je ziet ontstaan, kunnen zorgvuldig gecontroleerde face-to-face ontmoetingen plaatsvinden, waarbij Kitty altijd een duidelijke ontsnappingsroute heeft. Katten zijn altijd een onzekere factor, dus niets is zeker in de relatie tussen kat en hond.

Aangenaam Kennis te Maken

Honden en kinderen lijken gewoon bij elkaar te horen, nietwaar? Goed gesocialiseerde Duitse Herders zijn over het algemeen erg goed met kinderen, maar er is één ding om in gedachten te houden over dit specifieke ras. Ze hebben veel energie (ik meen dat oprecht) en ze gedragen zich heel lang als puppy's. Mijn vijfjarige Duitse Herder is nu pas een beetje rustiger geworden, dus in wezen is het een puppytijd van vijf jaar geweest. Ik maak dit punt omdat ze gemakkelijk overenthousiast en overgestimuleerd kunnen raken, en als ze niet goed in de gaten worden gehouden tijdens hun interacties met kinderen, kan dit leiden tot problematisch gedrag.

Mijn Tip

> ➢ Het mengen van peuters en Duitse Herders kan een bijzondere uitdaging zijn. Uit mijn ervaring willen peuters overal aan de hond hangen en Duitse Herders, die zich niet bewust zijn van hun eigen grootte en kracht, kunnen het kind gemakkelijk onbedoeld omver werpen. Speciale waakzaamheid is vereist bij kleine mensen en je Duitse Herder pup.

Er zijn twee soorten kinderen, zoals we allemaal weten. Je eigen goed opgevoede kleine schatjes en de kinderen van iedereen anders. Laten we eerst de interactie tussen Duitse Herder en je familie behandelen.

Je Beste Vriend

Een Duitse Herder pup laten opgroeien met je kinderen kan een geweldige ervaring zijn voor iedereen die erbij betrokken is. Ze hebben genoeg energie om het uithoudingsvermogen van elk kind te evenaren. Ze zijn ongelooflijk slim en zijn gemakkelijk te trainen voor verschillende levensstijlen. Ze zijn beschermend voor hun familie en willen altijd plezieren. Ze vragen veel aandacht, dus hoe meer mensen er zijn om die scherpe hondengeest bezig te houden, hoe beter. Maar zoals bij alle situaties, zullen een paar richtlijnen voor thuis niet misstaan. Hoe eerder ze huisregels leren, hoe beter.

NIET de pup martelen. Niet slaan, niet schoppen, niet aan haar staart trekken.

WEL haar netjes aaien, van kop tot staart. Duitse Herder puppy's en volwassen honden houden van menselijke aanraking, maar op een respectvolle manier.

NIET stoeien. Dit geldt voor jou! Dat is wanneer kinderen en puppy's gewond raken.

WEL apporteren. Voor een korte tijd. Puppy's moeten energie kwijtraken, plus het is een kans om commando's zoals "los" en "zit" te oefenen.

NIET je Duitse Herder storen in haar bench. Dat is haar ruimte en haar toevluchtsoord.

WEL slapende honden laten liggen. Je pup heeft haar rust nodig en mag niet gestoord worden tijdens dutjes.

NIET je Duitse Herder menselijk voedsel geven. Zelfs het kleinste hapje kan uiteindelijk een puinhoop op het tapijt in de woonkamer worden.

WEL de pup met rust laten tijdens etenstijd. Sommige honden zijn al kieskeurige eters en hebben geen afleiding nodig.

NIET het speelgoed van de pup van haar afpakken. Iedereen houdt van haar speelgoed en Zelda ook, dus laat haar ze hebben.

Vreemdelingengevaar?

"Als jij kalm bent over iets, zal de pup dat ook zijn. Als hij schrikt en jij hem vertroetelt, zal hij denken dat schrikken een goede zaak is omdat het hem aandacht oplevert. Niet vertroetelen. Er is niets erger dan een scherpe, schuwe volwassen Herder, en het is volledig te voorkomen."

Rebecca Dickson
GretchAnya Duitse Herders

Een van de karakteristieke eigenschappen van de Duitse Herder is dat ze doorgaans wantrouwend zijn tegenover vreemden. Wanneer een volgroeide Duitse Herder die diepe, rommelende blaf laat horen en de haren op zijn rug overeind gaan staan, waardoor het indrukwekkende dier groter lijkt dan hij al is, kan dat een ongelooflijk intimiderende aanblik zijn. Dat gedrag zit, geloof het of niet, in hun DNA. Herinner je hun achtergrond als herders, die de kudde bewaken en gevaar afweren. Hoewel de schapen nu uit beeld zijn en gevaar niet zo'n groot deel van ons leven uitmaakt, blijft de genetische drang bestaan. "Dat is geweldig," zeg je, "maar hoe voorkom ik dat mijn Duitse Herder pup in de problemen komt als er een vreemdeling verschijnt?"

Nou, de introductie van je Duitse Herder pup aan een vreemdeling is een tweerichtingsverkeer. De pup moet weten welk gedrag van hem verwacht wordt, maar dat geldt ook voor de vreemdeling, volwassene of kind.

Richtlijnen voor Vreemdelingen

1. Positieve bekrachtiging. Je wilt dat je Duitse Herder leert dat gasten goed zijn en dat een bepaalde hoeveelheid plezier gepaard gaat met een bezoek. Gasten die een traktatie of twee uitdelen, hebben misschien de overhand, en behouden misschien zelfs hun hand. Dat is een beetje humor voor degenen die net inschakelen.

2. Kort oogcontact. Staar niet naar de hond. Het is onder alle omstandigheden onbeleefd om te staren, maar langdurig oogcontact met een Duitse Herder die je niet kent, kan worden geïnterpreteerd als een uitdaging die je niet wilt aangaan.

3. Geen plotselinge bewegingen. Als je gast nerveus wordt en met zijn armen begint te zwaaien, kan dat door de hond worden gezien als een uitnodiging om een nadere inspectie uit te voeren.

4. Geen luide stemmen of geschreeuw. Onthoud, een Duitse Herder voelt emoties en stemmingen aan en reageert dienovereenkomstig. Zachte stemmen.

5. Laat de hond naar jou toe komen. Ik stel voor om een vuist te maken en je hand naast je te laten hangen zodat de hond er in eerste instantie aan kan ruiken.

6. Zelfs als de hond relatief vriendelijk lijkt, aai hem niet op zijn kop. Op de schouders of langs de rug is comfortabeler voor de Duitse Herder.

7. Als je het kunt regelen, geen rinkelende deurbellen of luid kloppen. Dat zijn dingen die de meeste honden in een razernij lijken te brengen.

Richtlijnen voor Puppy's

1. Houd de hond onder controle. Als je de vreemdeling buiten ontmoet, vertel de Duitse Herder dan wanneer het goed is om de persoon te benaderen. Ik heb altijd een riem bij me, maar gebruik die alleen als het absoluut noodzakelijk is om controle te houden. Je kunt de commando's "zit" en "blijf" gebruiken om de pup richting te geven.

2. Als je gasten krijgt, zorg dan dat je pup eerst goed is uitgelaten, zodat Zelda minder energie heeft om rond te rennen en op je gasten te springen zodra ze er zijn.

3. De traktatie/positieve bekrachtigingsbenadering werkt ook voor jou. Als je Duitse Herder gemotiveerd wordt door traktaties, kun je haar belonen voor het luisteren naar jou en onder controle blijven. Vergeet de verbale lof niet. Sommige Duitse Herders waarderen dat boven alles.

Foto:
William Chilton

4. Onthoud dat je kalm moet blijven zodat dit wordt overgebracht op je hond.

Mijn Tip

> Ik heb altijd gemerkt dat het problematisch is om een hond opgesloten te laten voelen bij het ontmoeten van vreemden. Als je kunt vermijden je Duitse Herder aan de lijn te leggen, te benchen of in een aparte kamer te houden dan je gasten, is het een betere socialisatiesituatie voor hen. Zoals altijd ken jij je hond het beste, dus let op tekenen van onrust of angst. Als de hond niet opwarmt voor de situatie, dan moet je hem er wel uit halen.

Dit hele hoofdstuk was gericht op hoe je je Duitse Herder pup een goed afgeronde sociale burger kunt maken. Dat betekent hen blootstellen aan zoveel mogelijk dingen en ervaringen, dus voordat we het sociale dier achter ons laten, wilde ik je nog een paar ideeën geven over hoe je je Duitse Herder kunt helpen de socialisatieladder op te klimmen.

- Een gemakkelijke en niet-bedreigende manier om je pup wat blootstelling te geven, is haar mee te nemen naar een gebied waar je misschien op een bankje kunt zitten en de actie kunt bekijken. Mensen zullen vanzelf naar je toe komen en over honden willen praten; de kinderen zullen de pup willen aaien.

- Het blootstellen van de hond aan een assortiment van geluiden is iets om naar te streven. Loop langs bouwplaatsen, skateparken, sportvelden, ijshockeystadions, wandelpaden, vliegvelden.

- Hondenparken zijn een goed idee, maar in eerste instantie alleen van buiten het hek waar ze de actie kan bekijken maar er niet door geïntimideerd wordt.

- Ga naar plaatsen waar je Duitse Herder pup andere dieren kan zien, niet alleen honden maar indien mogelijk ook boerderijdieren, zoals paarden en koeien.

- Autoritten zijn uitstapjes die later deel zullen uitmaken van het dagelijks leven van je hond, dus haar zo vroeg mogelijk laten wennen aan het instappen in de gezinsauto en vertrekken, zal in ieders voordeel zijn. Wagenziekte is een aspect van die uitstapjes waar veel Duitse Herder-eigenaren mee te maken hebben. Meer daarover in hoofdstuk 15.

In het volgende hoofdstuk behandelen we het goede en het slechte van de roedelmentaliteit. We zullen ook de vraag beantwoorden die in veel huishoudens wordt gesteld: "Waarom kunnen we niet gewoon allemaal met elkaar opschieten?"

HOOFDSTUK 9
Waarom Kunnen We Niet Gewoon Allemaal Overweg?

In dit hoofdstuk gaan we kijken naar enkele mogelijke relaties waarin je terecht kunt komen wanneer je een Duitse Herder pup, of twee, in huis haalt. Eerst behandelen we echter een paar theorieën die elk hun fanatieke aanhangers hebben. Herinner je wat ik in mijn inleiding vertelde. Ik ben geen hondentrainer. Ik heb geen theoretische studies uitgevoerd naar wolvenroedels om hiërarchie te onderzoeken en te bepalen in hoeverre wolvengedrag terug te zien is in groepen honden. Dus als er hier enige controverse is, is die niet van mij. Je zult hierin je eigen weg moeten kiezen. Wat ik wel zal doen, is een paar denkrichtingen uiteenzetten en je vervolgens vertellen wat ik in de praktijk heb ervaren.

Foto:
Anat Levi Hudaev
Foto gemaakt door:
Hanna Sheleg

De Roedelmentaliteit

De roedeltheorie stelt dat wolven leven in een sociale hiërarchie met de alfa-dieren (een mannetje en een vrouwtje) die in wezen de controle hebben over de anderen in de roedel. Deze dominantietheorie suggereert verder dat honden, die waarschijnlijk van wolven afstammen, een vergelijkbare orde volgen. Elk ongewenst gedrag in de groep, zoals conflicten door agressie, is simpelweg een dier dat probeert in rang te stijgen, in essentie probeert het alfa-dier te worden. In deze school van hondentraining moet elk "agressief" gedrag, zelfs een hond die als eerste door de deuropening probeert te gaan, energiek worden gecorrigeerd om te laten zien dat mensen alfa zijn en zij altijd voorgaan. Honden wachten. Sommige "honden"-mensen hebben gesuggereerd dat deze theorie van een pikorde ook van toepassing is op je huis, waar de roedel bestaat uit jou, je menselijke gezin, en hoeveel honden er ook over je drempel mogen komen. Wat de viervoeters betreft, dicteert de roedeltheorie dat je jezelf als alfa moet vestigen en ervoor moet zorgen dat alles wat je doet die sociale orde versterkt. Hoe je omgaat met je partner en kinderen is een heel andere kwestie.

De Roedeltheorie Doorgeprikt

Aan de andere kant van deze kwestie geloven sommige hondenlief-hebbers dat de roedeltheorie een gebrekkig concept is, voortkomend uit onderzoek naar wolven in gevangenschap die in een kunstmatige om-geving leefden. Volgens deze methode van positieve bekrachtiging rea-geren honden het beste wanneer gewenst gedrag wordt beloond en on-gewenst gedrag wordt genegeerd. . Dus, pak de beloningen, de compli-menten en de frisbee erbij.

De Echte Wereld

Wat ik in de echte wereld van honden en gedrag heb ontdekt, is dit. Sommige trainingstechnieken werken bij sommige Duitse Herders en sommige niet. "Hoe komt dat?" vraag je. Het is eigenlijk geen hogere wis-kunde. Elke hond heeft haar eigen persoonlijkheid en kan een introvert zijn of een uitbundige baby die gewoon een feestbeest wil zijn. Sommige honden reageren alleen op een verhoogde stem of een fysieke correctie van een of andere soort. Daarmee bedoel ik niet het slaan van de hond, maar het kan iets zijn als het volgende.

Foto:
Jenny Bowden

Foto:
George Haslam

Cody en Coprofilie

Toen mijn Duitse Herder, Cody, een jonge pup was, hield hij zich bezig met een activiteit die veel hondeneigenaren verbijstert en walgelijk
vinden. Hij was gefascineerd door zijn eigen uitwerpselen. Zo verdiept
erin (ik gebruik dat woord bewust), dat hij zijn eigen poep zou opeten. In
die onverlichte dagen zei ik 'nee' tegen hem, en hield misschien zijn neus
bij een dampende hoop en zei keer op keer 'nee'. Dat werkte niet.

Op een dag kwam er een hondentrainer bij ons thuis en ik legde
uit hoe verbaasd ik was over Cody's fascinatie voor ontlasting. Mark, de
trainer, legde uit dat ik deze techniek elke keer zou moeten proberen
wanneer Cody zijn poep-inspectie uitvoerde. Ik kreeg het advies om heel
dicht bij hem te staan en wanneer hij zijn neus naar beneden bracht om
zijn uitwerpselen te onderzoeken, moest ik met drie stijve vingers licht
in zijn zij porren en 'nee' zeggen. De theorie was dat het porren een af-

leiding voor hem zou zijn, met andere woorden een reset, en natuurlijk zou het woord 'nee' het met rust laten van zijn uitwerpselen versterken. Nou, ik heb veel te veel tijd besteed aan het heel dicht bij hondenpoep staan, maar weet je wat? Uiteindelijk gaf Cody het op. Was hij gekwetst in het proces? Misschien zijn trots, toen hij zijn kinderachtige activiteit niet mocht voortzetten, maar verder leerde hij om weg te lopen nadat hij zijn behoefte had gedaan.

De Echte Wereld: Deel 2

Terug in de echte wereld heb ik gemerkt dat delen van de roedel-theorie werken en betrekking hebben op mijn dagelijks leven met een eigenzinnige Duitse Herder, en dat het grootste deel van de positieve bekrachtigingsbenadering regelmatig kan worden gebruikt. Elke Duitse Herder is een complexe puzzel waar alleen jij de tijd voor zult nemen. Misschien zul je het nooit helemaal begrijpen. Dat is ook prima, zolang je maar levenslang blijft proberen. Het moeilijke aan de relatie tussen mens en Duitse Herder is dat zij jou lang doorhebben voordat jij ooit be-grijpt wat hen drijft.

Nu we enkele controverses in de hondentrainingswereld hebben be-handeld, laten we verdergaan. Ik noemde eerder in dit hoofdstuk agres-sief gedrag. Iedereen komt het in meer of mindere mate tegen, vooral als er andere hondenbewoners in huis zijn. Laten we eens kijken hoe we de vijandigheid kunnen verminderen en de zaken zo rustig mogelijk kunnen houden op het thuisfront.

Dubbele Problemen?

Het is verleidelijk om te denken aan het naar huis brengen van twee Duitse Herder puppy's uit hetzelfde nest. Of zelfs twee niet-verwan-te Duitse Herders. Ze hebben elkaar als gezelschap wanneer jij er niet bent. De kinderen hebben elk hun eigen hond. We houden van honden, we wilden er altijd al meer dan één. Dat is de rooskleurige kijk op het adopteren van meer dan één puppy. Laten we praktischer zijn. Over-weeg het volgende:

1. De kosten. Ik heb het niet over de initiële fokker- en inrichting-skosten. Ik verwijs naar je tijd, de training die ze nodig hebben, en het feit dat ze zo veel mogelijk apart gesocialiseerd moeten worden. Het is voor hun wederzijds voordeel, zodat ze zelfverzekerd kunnen worden op hun eigen manier en niet afhankelijk worden van elkaar.

2. Veel hondentrainers suggereren dat de puppy's individueel uitgelaten moeten worden, apart moeten slapen, apart moeten eten, en slechts een paar vooraf bepaalde speeltijden met elkaar hebben gedurende de dag. Is dat haalbaar in jouw situatie?

3. We hebben het hier over Duitse Herder puppy's. Eén puppy op zich vereist al een enorme toewijding en inzet van de eigenaren. Ik herinner me een laat avondgesprek met mijn vrouw waarin ze vastbesloten was om onze Duitse Herder terug te brengen naar de fokker omdat hij te veel werk was. We zijn over die hobbel heen gekomen, maar mensen, één puppy is al meer dan een handvol.

Als je naar deze zorgen hebt gekeken en geen bedenkingen hebt om door te gaan met het naar huis brengen van twee puppy's, dan zeg ik: alle kracht aan jou. Hier zijn nog wat dingen om over na te denken voordat je je aanbetaling doet voor die nestgenoten en afscheid neemt van vrije tijd.

- Zorg ervoor dat de twee pups niet zoveel tijd samen doorbrengen dat ze een primaire band met elkaar ontwikkelen. Als ze dat doen, kan het hun training en bredere socialisatie belemmeren. Ze zouden gewoon kunnen stoppen met naar je te luisteren.

- Scheidingsangst kan een probleem zijn ondanks je beste inspanningen. Blijf alert op vroege tekenen hiervan en het kan betekenen dat de oplossing nog minder tijd samen is.

- Als jouw werkschema en dat van je partner betekenen dat jullie beiden een groot deel van de tijd weg zijn van huis, dan is het geen goed idee om twee Duitse Herders te nemen. Je zult niet het nodige toezicht kunnen houden om Gunner en Gretchen uit de problemen te houden.

- Vooral tijdens de zindelijkheidstraining kun je het niet allemaal zelf doen. Je partner en de kinderen zullen in deze periode een belangrijke rol moeten spelen.

- Er is onderzoek dat aantoont dat vechten en agressie tussen nestgenoten hoger kan zijn dan bij niet-verwante honden. Dit kan de socialisatie compliceren omdat de nestgenoot gedrag tolereert dat geen enkele vreemde hond die zijn brokken waard is, zou accepteren.

Wie Liet de Honden Uit?

Er is een voortdurende ruzie in huis. Een gezinslid komt voortdurend in aanvaring met iemand anders in het gezin en ze willen het gewoon niet laten rusten. Het is alsof ze geprogrammeerd zijn om elkaar op de zenuwen te werken. Maar dit zijn geen menselijke kinderen, waarbij iedereen een time-out krijgt om tot rust te komen. Het zijn hondenbro's die het niet met elkaar kunnen vinden, en als een van hen een Duitse Herder is, kan zelfs een grote puppy veel schade aanrichten in een vrij gevecht.

In het vorige hoofdstuk hebben we besproken hoe je je nieuwe Duitse Herder puppy kunt voorstellen aan de bestaande hond in het huishouden. Maar wat als dat niet lijkt te werken? Wat als ze gewoon niet met elkaar kunnen opschieten? Toen ik opgroeide, hadden mijn ouders een tijdlang een border collie en een boxer. Ik kan me herinneren dat mijn moeder probeerde hondengevechten te stoppen met een stoel en een bezem. De ruzie was meestal rond etenstijd. Duke, de nieuwkomer boxer, was onvermijdelijk als eerste klaar met zijn maaltijd en ging dan naar het bakje van de collie. Lassie wilde daar niets van weten en het grommen en snappen brak uit. Na een paar geweldige vechtpartijen realiseerde mijn moeder zich dat de twee honden gewoon niet tegelijkertijd op dezelfde plek gevoerd konden worden. Mijn moeder wist het destijds niet, maar toen ze stopte met het samen voeren van de honden, raakte ze een van de "stressfactoren" in de hondenrelatie kwijt. Laten we dus wat dieper ingaan op de situatie van de broer-zus rivaliteit.

Foto:
Brent Ferguson

Van Koers Veranderen

Je weet dat wanneer de situatie die je hebt niet werkt, je van koers moet veranderen. Het moeilijkste deel van het aanpassen van je huiselijke hondensituatie is het bepalen wat de specifieke irritatiepunten zijn. Het op één na moeilijkste deel is uitzoeken hoe je de dingen kunt veranderen. Niet alle honden zullen perfect met elkaar overweg kunnen, maar de meeste kunnen worden getraind om samen te leven.

- Gezondheidscontrole. Je Duitse Herder is waarschijnlijk redelijk gezond omdat je hem regelmatig naar de dierenarts hebt gebracht voor inentingen en controles. Het is een goed idee om de oudere hond mee te nemen voor een algemene controle om er zeker van te zijn dat er geen medische aandoening is die de agressie veroorzaakt.

- Identificeer alle stressfactoren die kunnen leiden tot de hondengevechten. Die agressietriggers kunnen van alles zijn, van voedsel en speelgoed tot de deurbel die gaat. Verwijder of wijzig vervolgens die triggers. Onze deurbel werkt bijvoorbeeld perfect, maar we hebben er tape overheen geplakt zodat niemand hem gebruikt.

- Als je echt gelooft dat je oudere hond gestrest wordt door de Duitse Herder, dan moet je misschien een trainer inschakelen die expertise heeft in positieve gedragsverandering. Het kan gedaan worden, maar het kost wat planning en tijd. Professionele hulp kan een redding zijn.

- Na overleg met een professional kan het zijn dat je twee honden niet in hetzelfde huis kunnen blijven wonen. Als je een "enig kind" moet hebben, neem dan de tijd om de juiste familie te vinden die je andere huisdier in hun leven wil opnemen. Het is een moeilijke beslissing, maar de veiligheid van je honden staat voorop, wat betekent dat je het juiste moet doen.

Een ander belangrijk punt om te onthouden is dat de agressie van de huishond tegenover je Duitse Herder misschien niet alleen gebaseerd is op één ding. Net zoals wanneer mensen hun geduld verliezen, is het voor honden vaak niet wat er net is gebeurd, maar een aantal dingen die hebben geleid tot het grommen en snappen dat de hond over de bijtdrempel heeft getild. Door mogelijke agressietriggers één voor één langzaam te verwijderen, kunnen de zaken weer in evenwicht komen.

Mijn Tip

> Verhoog de hoeveelheid beweging voor beide honden. Dit kan helpen om de scherpe kantjes van hun gedrag af te halen. Vermoeide puppy's zullen minder geneigd zijn om elkaar te provoceren.

Die tip is de perfecte overgang naar het volgende hoofdstuk. Je wilt geen hond die als een bankhanger rond het huis hangt. Sommige studies stellen dat het percentage obese honden in Nederland ongeveer vijftig procent bedraagt. Als je de levensstijl van je hond op de juiste vier poten begint, hoef je je geen zorgen te maken dat hij een van die zwaargewicht statistieken wordt.

HOOFDSTUK 10
Je Bewegingsopties

Foto:
Jamie St. Martin

Duitse Herders zijn gefokt om energie te hebben. Heel veel energie. Er bestaat een oude grap onder eigenaren van Duitse Herders. Het goede nieuws is dat je de trotse eigenaar bent van een Duitse Herder. Het slechte nieuws is dat je hem moet laten bewegen. Nou, het is niet echt slecht nieuws, maar je zult merken dat het zeker meer een marathon is dan een sprint. De beste manier om met de onverzadigbare bewegingsbehoefte van je hond om te gaan, is door een schema te hebben, trouw te blijven aan dat tijdschema, en er altijd voor te zorgen dat Thor aan het einde van de dag moe is. Je aanpak voor het laten bewegen van een Duitse Herder pup zal volledig anders zijn dan bij een volwassen hond, dus ik zal het in twee delen opsplitsen. Maar voordat we daaraan beginnen, wil ik iets vermelden over het leven in de wereld van de Duitse Herder. Zodra je een Duitse Herder hebt en met trainers gaat praten, en je begeeft je op Duitse Herder forums op sociale media, zul je ontdekken dat er minstens twee meningen zijn over hoe je alles moet aanpakken in de Duitse Herder wereld. Dat geldt ook voor het laten bewegen van je pup. Er is één school die extreem conservatief is en pleit voor enige beweging maar niets extreem gestructureerd, waarbij de pup zijn energie kwijt kan door rond te rennen en misschien te spelen met enkele van zijn puppy-vriendjes. De andere denkwijze zegt dat Duitse Herders energiebundels zijn, vooral puppy's, en dat we ze moeten helpen die energie kwijt te raken om ze enigszins beschaafd te houden. Mijn ervaring met mijn eigen Duitse Herder en het observeren van anderen plaatst mij ergens in het midden van beide kampen. Noem me maar een meester in gematigdheid.

Babystapjes

"Jonge puppy's mogen niet te veel getraind worden, maximaal 10-15 minuten, waarbij ze in het begin niet verder dan 2 huizen of één huizenblok heen en terug zouden moeten lopen. Joggen met een jonge hond van 12 maanden of jonger is niet goed voor de heupen. Puppy's ontwikkelen hun botten tot ze 12 à 13 maanden oud zijn."

Sharon
Pretorianischer Zwinger

Je puppy groeit snel. Alles aan kleine Thor ontwikkelt zich in een rap tempo. En dat kan een probleem zijn. Te veel beweging en de verkeerde soorten activiteiten kunnen je Duitse Herder puppy voor het leven beschadigen. De reden? Dat komt door zogenaamde "groeischijven". Deze bevinden zich aan de uiteinden van de lange pootbotten van je kleine hond en bestaan uit kraakbeen dat geleidelijk verhardt tot bot terwijl Thor groeit. Te intensieve beweging, schokkerige activiteiten zoals

springen of trappen aflopen, kunnen de groeischijven beschadigen en een Duitse Herder puppy achterlaten met misvormingen zoals kromme poten of zelfs vroegtijdige ontwikkeling van heupdysplasie. Dus tot de groeischijven sluiten en uitgegroeid zijn (wat rond de achttien maanden gebeurt), wordt alleen matige beweging aanbevolen. Ik zou voorstellen dat je geen geforceerde beweging opneemt in je puppyprogramma. Dit is mijn kijk op de zaak.

NIET: Moedig geen spring- of huppelspelletjes aan. Zeker geen sprongen in de lucht voor frisbees. Hiermee bedoel ik niet keer op keer. Af en toe is prima. Onthoud, ik zei gematigdheid.

WEL: Ga veel wandelen. Puppy's kunnen in hun eigen tempo stoppen en snuffelen. Misschien val je er zelf ook nog wat kilo's door af.

NIET: Probeer niet om van je puppy een Stairmaster te maken. Wat trappenklimmen in de loop van de dag is prima, maar niet als een trainingsprogramma.

WEL: Speel veel apporteerspelletjes of welke versie van apporteren je puppy ook aankan. Duitse Herders zijn gek op ballen, dus je zult geen

Foto:
Eve Dering

moeite hebben om ze te betrekken. Zorgen dat ze de bal terugbrengen en loslaten is weer een heel ander verhaal.

NIET: Doe je puppy niet aan de lijn om mee te gaan joggen of fietsen. Je moet je hond de mogelijkheid geven om natuurlijke pauzes te nemen en te rusten. Blijf vooral weg van harde oppervlakken zoals beton bij het laten bewegen van je Duitse Herder puppy. Gras is koning.

WEL: Speel spelletjes zoals verstoppertje. Wat rennen, wat snuffelen, wat mentale concentratie, beter wordt het niet. Na een paar minuten hiervan zie ik de oogjes van de puppy al dichtvallen en verandert speeltijd in dutjestijd.

NIET: Overdrijf de totale hoeveelheid beweging niet. Een algemene richtlijn die sommige Duitse Herder trainers aanbevelen is vijf minuten beweging per maand leeftijd. Dus een vier maanden oude pup kan twintig minuten per keer aan, waarbij jij bepaalt hoe vaak per dag je Thor laat bewegen.

WEL: Kijk of ze van water houden. Hoe eerder een puppy leert zwemmen, hoe meer bewegingstijd aan het water kan worden besteed. Net

Foto:
Brian Nainby

als bij mensen is het een zeer lichaamsvriendelijke beweging voor je beste vriend.

Een laatste woord over puppy's en beweging. Ze zijn enthousiaste deelnemers aan elk spel, elke wandeling, elke stok-gooi-activiteit. De meesten weten niet wanneer ze moeten stoppen en ze zullen rennen tot ze erbij neervallen als je het toelaat. Doe dat niet. Het is meestal wanneer een puppy zijn grenzen heeft overschreden dat hij in de problemen komt, zowel fysiek als sociaal. Jij zou ook een meester in gematigdheid moeten worden.

Volwassen Mambo

Wanneer je Duitse Herder de hoogtijdagen van volwassenheid bereikt, ergens rond de achttien maanden, veranderen Thors bewegingsopties en inderdaad zijn fysieke behoeften aanzienlijk. Hij zal nog steeds een vuurbal zijn, maar je kunt zijn bewegingstijd nu zo structureren dat deze samenvalt met jouw bewegingstijd. Dat kan een echte tijdsbesparing zijn wanneer je niet twee verschillende trainingsperiodes hoeft in te plannen. Voordat we te ver die kant op gaan, denk ik dat het belangrijk is om een richtlijn te noemen waar ik me religieus aan houd.

Mijn Tip

> Laat je Duitse Herder niet bewegen na het eten. Ze willen het misschien wel, maar de hond heeft tijd nodig om te verteren. Grote rassen zoals Duitse Herders zijn vatbaar voor iets dat maagtorsie wordt genoemd. Dat gebeurt wanneer de maag van het dier draait en als er niet onmiddellijk veterinaire hulp wordt verkregen, kan het dodelijk zijn. Zorg ervoor dat iedereen na de maaltijd ontspant.

Nu je een volwassen Duitse Herder hebt, kun je haar grenzen gaan testen en ervoor zorgen dat je aan het einde van elke dag een vermoeide hond hebt.

- Hondenzwemmen. Duitse Herders houden van water en als je Mischa vroeg de basis hebt geleerd, zal ze het heerlijk vinden om naar buiten te zwemmen en dingen terug te brengen naar de oever. Zwemmen is de beste beweging voor Duitse Herders van alle leeftijden.

- Bospadenmix. Wandelen met je hond is goede beweging voor jullie beiden, maar het zal voor Mischa mentaal en fysiek stimulerender zijn dan een rondje door het buurtpark.

Foto:
Sherry Schuessler
schuesslerstudios.com

- Gewicht toevoegen. Om je Duitse Herder te helpen vermoeien, kun je haar uitrusten met een rugzak met wat lichtgewicht spullen om te beginnen. Als je gaat kamperen en je hond is in goede conditie, kunnen ze helpen de last te dragen.

- Doorjoggen. Je hebt alle reden om je Duitse Herder mee te nemen wanneer je je jogroutine hervat. Wanneer je niet aan het hardlopen bent, zou Mischa ook een goede fietspartner zijn.

- Frisbee-fanaat. Je kunt veel plezier beleven aan een frisbee. De zwevende, drijvende schijf geeft een Duitse Herder eindeloze uren conditietraining en vermaak.

- Kinderachtige spelletjes. Vergeet de puppy-tijdverdrijven niet. Verstoppertje, balwerpen, vooral met een balwerper.

- In je gezicht. Touwtrekken is een vriendelijke krachtmeting die wat tijd in beslag neemt. Handig binnenshuis op een regenachtige dag.

- Uitvogelen. Voedsel-puzzelspeelgoed kan dienst doen als maaltijd én geweldige mentale stimulatie. Kunnen we daar niet allemaal wat meer van gebruiken?

Dat laatste punt over mentale stimulatie brengt me bij het meer doordachte deel van dit hoofdstuk. Je Duitse Herder kan net zo vermoeid raken door mentale stimulatie als door een wandeling op een bergpad. Als je naar een losloopgebied kunt gaan, en je hond goed luistert als je haar terugroept, laat je Duitse Herder dan gewoon ronddwalen en snuffelen. Haar zintuigen zullen zo bezig zijn dat je niet eens doorhebt hoe moe Mischa is totdat ze in slaap valt voor het avondeten. Het bedenken van ideeën om je Duitse Herder uit te dagen is waar je eigen creativiteit echt kan schitteren.

Wij hebben een grote plastic ton in onze achtertuin. Ik leg Cody's frisbee afwisselend bovenop de omgekeerde ton, in de rechtopstaande container, en onder de omgekeerde ton. Ik laat Cody elke keer op ongeveer vijftig meter afstand zitten, en laat hem dan los om naar de ton te rennen en zijn speeltje te pakken, soms door op zijn achterpoten te gaan staan om de frisbee bovenop te pakken of soms door de ton om te duwen om bij de frisbee te komen. Hij is tevreden om even te gaan liggen na een tien minuten durende training met de ton-frisbee.

Nu zal veel van de mentale stimulatie van je Duitse Herder komen van de training waar jij en je hond tijd aan besteden. Toevallig is dat waar we in het volgende hoofdstuk naartoe gaan, dat ik graag "Wie traint wie?" noem.

HOOFDSTUK 11
Wie traint wie?

"Verlies je geduld niet tijdens het trainen. Als ze het niet oppikken, komt dat omdat de eigenaar iets verkeerd doet in de basis van de training en stappen heeft overgeslagen"

Tracy Berg
vom Haus Berg Duitse Herders

De belangrijkste component in het trainingsprogramma van je Duitse Herder ben jij. Dat komt omdat je Duitse Herder een natuurtalent is; Brunhilde zal relatief snel oppikken wat ze moet weten. Sterker nog, als je niet oplet, zal je hond geleidelijk de leiding overnemen. De zwakke schakel in de trainingsafdeling is meestal de mens. Vaak komt dat doordat de aanpak ongestructureerd is: een beetje van dit, gecombineerd met wat van dat, doe het af en toe, en de klus is geklaard. Nou, zo snel gaat het niet. Om op het juiste spoor te blijven, zijn hier enkele vragen die je jezelf moet stellen voordat je überhaupt een lijn pakt of beloningen in je zak stopt.

- Wat wil je bereiken met je trainingssessies?
- Wat zijn je verwachtingen?
- Wat zijn je specifieke doelen?
- Hoeveel tijd kun je eraan besteden?

Zelfs als je uiteindelijke doel is om een goedgemanierde gezinshond te hebben, zal de algemene aanpak voor het trainen van je Duitse Herder niet veel verschillen van iemand die competitieve sporten zoals Schutzhund wil beoefenen, waarbij de focus ligt op speuren, gehoorzaamheid en beschermingswerk. Het startpunt, de onderliggende basis, is hetzelfde. Als je je doelen duidelijk hebt omschreven en alles in kaart hebt gebracht, zullen jij en Brunhilde er komen. Duitse Herders willen werken. Het verlangen om bezig te zijn zit in hun DNA. Jouw taak is om training een van de activiteiten te maken waar je hond van houdt.

Principes voor vooruitgang

- Consistentie. Duitse Herders zijn extreem slim en leren nieuwe gedragingen enthousiast aan. Dat is het gemakkelijke deel van dit principe. Het moeilijkere stuk is het versterken door herhaling van wat geleerd is, totdat dat gedrag een tweede natuur wordt. Het moet een gewoonte worden.

Foto: Cindy Harr

- Timing is cruciaal. Als je een actie onmiddellijk kunt bekrachtigen of corrigeren, terwijl het gebeurt, zullen Duitse Herders de les direct begrijpen. Door alert te zijn en goed te observeren, zal het tempo van je training aanzienlijk versnellen.

- KISS-methode. Keep It Succinct and Simple (Houd het beknopt en eenvoudig). Duitse Herders spreken geen Nederlands, dus een heleboel woorden gebruiken zal ze niet helpen. Gebruik alleen woorden die iets betekenen, die de commando's zelf vertegenwoordigen.

- Kort & Succesvol. Je sessies moeten kort zijn, tien minuten per keer, en altijd eindigen op een positieve noot.

- Geduld & Complimenten. Combineer deze twee en je bent zeker op de goede weg. Als een hond boosheid voelt, focussen ze daarop, dus geduldig blijven is essentieel. Complimenten zijn een beloning; het koppelen van verbale bevestiging met aaien en af en toe een beloning brengt de bekrachtiging naar een hoger niveau.

- Sla straffen over. Er is geen plaats voor het straffen van je Duitse Herder, zeker niet tijdens de training. Als je hond niet het gewenste gedrag vertoont, doe dan een stap terug en zoek naar de zwakke schakel. Je hoeft niet ver te zoeken.

- Wees een leider. Neem de leiding en laat je Duitse Herder zien wat je wilt dat ze doet. Sommige trainers gebruiken termen als "alfa" of "baas" om de rol van de eigenaar aan te geven. Noem jezelf wat je wilt, maar wees een leider.

Verschillende methodes

Veel mensen trainen hun honden uitsluitend met verbale commando's en dat kan uiteraard het gewenste effect bereiken. Er zijn andere methoden, misschien naast verbale training, die je in je regime zou kunnen opnemen. Sommige trainers gebruiken graag handsignalen bij het werken met hun Duitse Herders. Hier is waarom het voor jou zinvol kan zijn om handgebaren toe te voegen aan je trainingsrepertoire.

Voordelen van lichaamstaal

Foto:
Jordyn Gilbert

- Handsignalen zijn subtiel wanneer je rustig wilt communiceren met je Duitse Herder. Ze zijn ook nuttig om op afstand aanwijzingen te geven.

- Gebaren kunnen de communicatie tussen eigenaren en slechthorende honden in stand houden. Oudere honden met verminderd gehoor hebben één excuus minder om je te negeren.

- Veel hondencompetitiesport gebruikt handsignalen, dus je zou een voorsprong hebben door vroeg te beginnen met een praktische aanpak.

- Handsignalen kunnen de band tussen eigenaar en hond versterken. Ze dwingen de hond om voortdurend oogcontact te houden met hun mens, wat het doel is van elke trainer.

- Het gebruik van verbale commando's en handsignalen samen kan het leerproces van je Duitse Herder versnellen. Dat komt omdat honden van nature geneigd zijn om te letten op fysieke signalen van hun mens.

Als je nog nooit hebt nagedacht over het gebruik van handsignalen, probeer dan eens te experimenteren met je eigen hond. Ik neem mijn

Duitse Herder, Cody, vrij vaak mee voor wandelingen zonder lijn vanwege het landelijke terrein waar we wonen. Soms, wanneer we op paden lopen en bij een splitsing komen, kijkt hij naar mij voordat hij verdergaat. Als ik naar rechts of links gebaar, gaat Cody die kant op. Je observeren en op je handen letten is iets natuurlijks voor Duitse Herders, dus het opnemen van enkele handsignalen in je dagelijkse routine zou iedereen wat meer richting kunnen geven.

Clickertraining

Het gebruik van een clicker valt volledig binnen de positieve versterkingsstrategie die ik in dit boek heb bepleit. Voordat we ingaan op hoe het clickersysteem werkt, wil ik kort terugkomen op een bespreking van het Duitse Herder-ras.

Wat ik heb gemerkt bij mijn eigen Duitse Herder en bij enkele anderen die ik heb gekend, is dat ze zeer gevoelige dieren zijn. Mensen die niet bekend zijn met Duitse Herders zouden kunnen zeggen: "Gevoelig? Hoe kan die grote krachtpatser met die intimiderende blaf gevoelig zijn? Hij lijkt wel alsof hij mijn been eraf wil scheuren." Meestal is die indruk

slechts een stereotype dat onbewust is opgepikt. Herders nemen wat je tegen ze zegt, en wat je met ze doet, ter harte. Dus als je vaak tegen ze schreeuwt of geneigd bent om ze rond te duwen, zullen ze na verloop van tijd slecht gaan reageren op die negatieve discipline. Ik ben heus niet te beroerd om Cody te laten liggen voor een time-out als hij besluit een kuil te graven bij zijn favoriete struik. Ik zou hem nooit in zijn bench zetten en hem daar als straf voor het graven houden. Terwijl je door je trainingsdagen gaat, onthoud dat je Duitse Herder een hond is, maar ook een van je beste vrienden. Behandel hem zoals je zelf behandeld zou willen worden.

Mijn tip

Bij hondentraining is 'ruk' een zelfstandig naamwoord, geen werkwoord.

- Dr. Dennis Fetko

Terug naar de positieve aspecten van clickertraining. Het is een eenvoudige techniek. Je hoeft geen hersenchirurg te zijn om het onder de knie te krijgen. Vanuit mijn perspectief is het het meest nuttig bij de eerste training van je hond. Je kunt het uiteindelijk misschien achterwege laten ten gunste van stemcommando's en handsignalen, maar dat is een keuze die je later kunt maken. Hier is een kort overzicht van hoe een clicker je een meester-hondentrainer kan maken. Oké, dat is een beetje overdreven, maar het systeem werkt wel en er worden geen dieren beschadigd tijdens het proces.

Clicklokkertje

Met clickertraining conditioneer je je Duitse Herder om taken uit te voeren met het begrip dat wanneer ze bijvoorbeeld gaat zitten, de clicker zal klinken en ze een beloning zal krijgen. Het belangrijkste is dat de beloning tegelijk met het clickergeluid komt, zodat de hond het geluid direct koppelt aan de beloning. Als je dieper wilt ingaan op de psychologie van hoe en waarom deze aanpak werkt, verdiep je dan in deze leermethoden:

- **Klassieke conditionering.** Leren door associatie zoals in Pavlovs experiment met de kwijlende hond
- **Operante conditionering.** Leren door een systeem van beloningen en straffen

De persoonlijke aanpak

Er kan een moment komen in je training waarop je tegen een muur aanloopt. Het kan iets eenvoudigs zijn, zoals Brunhilde netjes aan de lijn laten lopen. Waarom breng ik dat specifieke voorbeeld ter sprake? Het is simpel. Dat is een gebied waar ik altijd mee heb geworsteld met mijn hond. Toen ik merkte dat ik geen vooruitgang boekte met het lopen aan de lijn, besloot ik naar een persoonlijke hondentrainer te gaan. Het kan een dure optie zijn, maar het is ook effectief. In plaats van jezelf en je Duitse Herder te frustreren, kan het de moeite waard zijn om naar iemand met frisse ideeën te gaan. Als het probleem dat je ervaart te maken heeft met het gedrag van je hond — zoals kauwen of blaffen — is het belangrijk om vroeg in te grijpen, idealiter binnen de eerste twaalf maanden van haar leven, wanneer ze nog jong en beïnvloedbaar is. Je moet er ook voor zorgen dat de training die je kiest in lijn is met je eigen persoonlijke filosofie. De meeste gerenommeerde trainers zullen wat inleidende tijd met je doorbrengen om er zeker van te zijn dat jullie op dezelfde golflengte zitten. Een belangrijke vraag om te stellen: "Heb je eerder Duitse Herders getraind?" Ik heb trainers gezien die geen idee hebben hoe ze met een Duitse Herder moeten werken. Die mensen zullen alleen maar bijdragen aan je problemen. Hier is een korte herinnering aan enkele algemene benaderingen die beschikbaar zijn.

Foto:
Colleen Toia

Trainingstechnieken om over na te denken

1. Positieve bekrachtiging. Ik zet dit op de eerste plaats omdat het de techniek is die voor mij het beste werkt. Goed gedrag wordt beloond; niet-meewerkend gedrag krijgt geen beloning of erkenning.

2. Alfa/Roedel. Bij deze benadering ben jij de alfa in je relatie met je Duitse Herder en alles wat je doet ondersteunt je dominantie. Je kunt ervoor kiezen om enkele technieken te combineren om te bereiken wat voor jou individueel werkt. Alfa en positieve bekrachtiging kunnen tot op zekere hoogte samenwerken.

3. Elektronische methode. Dit betreft het gebruik van halsbanden die een schok afgeven wanneer de hond ongewenst gedrag vertoont. Het is een strafmethode die ik alleen als uiterste redmiddel zou aanraden, en dan nog uitsluitend in overleg met een professionele trainer die ervaring heeft met dit soort apparaten en op de hoogte is van de mogelijke gevolgen. Als je merkt dat je goed in groepen werkt met je Duitse Herder, kunnen gevorderde gehoorzaamheidscursussen ook een oplossing zijn wanneer je vastloopt in je eigen training. Als je extreem doelgericht bent, kun je overwegen om Brunhilde voor te bereiden op een van de verschillende tests voor Maatschappelijk Aanvaardbaar Gedrag. De Raad van Beheer op Kynologisch Gebied in Nederland biedt een goede aan. Dit type instructie kan een goede basis vormen voor geavanceerde training waaraan veel Duitse Herders deelnemen.

Nu we enkele basistypen van training hebben behandeld, is het tijd om te werken aan enkele fundamentele commando's die elke Duitse Herder moet kennen. Het zou gemakkelijker zijn als de honden met een voorgeïnstalleerd commandopakket zouden komen, maar zo ver zijn we nog niet gevorderd in de hondentrainingswereld. Je zult je eigen monteur moeten zijn in dit geval.

HOOFDSTUK 12
Commando's Uitvoeren

"Duitse Herders zijn zowel makkelijk als moeilijk te trainen. Ze zijn slim en leren snel, maar ze zullen ook de mazen in je training vinden en deze uitbuiten. Consequentie is uiterst belangrijk; je moet zo zwart-wit mogelijk zijn en duidelijke grenzen stellen. Nee betekent nee, niet 'soms'."

Celeste Schmidt
Dakonic Duitse Herders

Ik neem elke ochtend wat ik mijn "geduldspil" noem. Het is niet echt een "kalmeringspil". Het is meer een aanpassing van mijn instelling, meestal tijdens het overdenken van een kom havermout. Elke keer als ik met mijn Duitse Herder, Cody, naar buiten ga om commando's te oefenen, weet ik dat ik, hoe goed hij het ook doet, toch diep moet ademhalen en mijn geduld moet bewaren. Kijk, honden willen graag plezieren en ze zullen hard hun best doen, maar ze krijgen het niet altijd de eerste keer goed als ze iets proberen, of de tweede keer, of de derde.

Dus, wanneer jij en je pup beginnen met het oefenen van haar basiscommando's, moet dit gebeuren met zelfbeheersing en enige terughoudendheid van jouw kant. En beloningen, heb ik beloningen al genoemd?

Je kunt al beginnen met het trainen van je Duitse Herder puppy zodra je haar mee naar huis neemt, wat niet eerder zou moeten zijn dan op de leeftijd van acht weken. Als ze zo jong zijn, is een van de eerste dingen die ze moeten leren hun roepnaam, hun alias, hun nom de chien. Alleen omdat er Bella op haar naamplaatje staat, betekent nog niet dat ze weet dat ze Bella is. Terwijl we door dit hoofdstuk gaan, zullen we de naam "Bella" gebruiken als verwijzing naar je nieuwe puppy, wat haar naam ook mag zijn.

Naamherkenning

Een van de eerste dingen die je moet verzekeren is dat Bella altijd naar je zal kijken wanneer dat gevraagd wordt. Haar hele leven lang. De eenvoudigste manier om dat te leren (zoals bij alle commando's) is de tweevoudige aanpak. Zeg de naam van je hond, en wanneer ze opkijkt naar je hoopvolle gezicht, klap je in je handen, zeg je 'ja' of geef je welke fysieke/verbale aanmoediging dan ook, en geef haar vervolgens een beloning uit je volle zak. De naamoefening kan worden opgenomen in elke andere routine waaraan je werkt, maar zoals bij alle oefeningen, overdrijf het niet. Als Bella niet naar je kijkt wanneer haar naam wordt geroepen, probeer dan het volgende om haar geheugen op te frissen.

1. Bevestig haar lijn.

2. Roep haar naam.

3. Als ze niet reageert, roep haar naam nogmaals en geef een klein rukje aan de lijn, wat er bijna zeker voor zal zorgen dat Bella naar je kijkt.

4. Geef verbale lof, direct gevolgd door het belangrijkste in de ogen van je Duitse Herder, de beloning.

Ik weet dat je van je hond houdt. Bella-Wella is een van de meest kostbare dingen in je leven, maar tenminste wanneer je Duitse Herder jong is, moet je je onthouden van het gebruik van schattige namen of bijnamen voor Bella. Ze moet eerst wennen aan haar gegeven naam voordat alle koosnaampjes komen die ze gedurende een hondenleven zal krijgen. Ik stel voor dat je een naam kiest met niet meer dan twee lettergrepen, zodat het gemakkelijk is om te zeggen en/of te roepen in het losloopgebied. Bartholomeus rolt niet bepaald gemakkelijk van de tong.

Zit

"Lokken" is een term die in de hondentrainingswereld wordt gebruikt om te beschrijven hoe je de belofte van een beloning kunt inzetten om de gewenste actie uit te lokken. Lokken is nooit nuttiger dan wanneer het tijd is om je hond te leren zitten. Bij het leren van je Duitse Herder om te zitten, neem je de beloning en houd je deze vlak voor haar neus. Til de beloning langzaam een beetje op zodat de hond haar hoofd opheft. De meeste puppy's zullen automatisch de zitpositie aannemen terwijl ze enthousiast de beloning

volgen en proberen een hapje te krijgen. Zodra ze zitten, geef je het commando "zit" en natuurlijk overhandig je de beloning. Herhaal dit totdat je zelf moet gaan zitten. Dit zou ook het moment zijn om na te denken over het introduceren van handsignalen die samenvallen met je verbale commando's, als je al die druk tegelijk aankunt.

Kom

"Kom" is waarschijnlijk het belangrijkste commando dat je je hond ooit zult leren. Het zou in sommige omstandigheden haar leven kunnen redden. Dus je moet je puppy vroeg laten reageren op het terugroepcommando en vaak oefenen. Hier is de techniek die voor mij heeft gewerkt. Je bent met Bella in de achtertuin. Het is het beste om in een afgesloten ruimte te zijn waar niemand kan ontsnappen en de afleiding hopelijk minimaal zal zijn. Loop achteruit met je gezicht naar je Duitse Herder met een beloning in je hand, terwijl je haar naam roept en "kom" zegt. De kans is groot dat Bella naar je toe zal rennen. Geef de beloning met veel lof en doe het nog een paar keer, maar weer niet overdreven veel. Je moet misschien verschillende sessies zoals deze op verschillende dagen houden voordat Bella de beweging naar jou toe begint te associëren met het "kom" commando. Op een moment van jouw keuze stop je met het gebruik van Bella's naam en gebruik je alleen het commando.

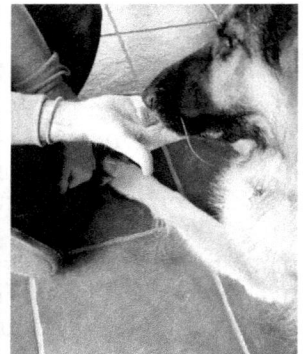

Mijn Tip
➢ Oefen tegelijkertijd met het vastpakken van de halsband terwijl je aan het terugroepen werkt. Dit zorgt ervoor dat je hond eraan went dat je haar halsband vasthoudt. In een noodsituatie moet je in staat zijn om je Duitse Herder gemakkelijk bij de halsband te "pakken" om haar uit gevaar te houden of in ieder geval weg van de verjaardagstaart.

Doe Dit Niet!
Roep je hond nooit bij je en straf haar dan op welke manier dan ook. Als je dat doet, leer je Bella dat er mogelijk onaangename gevolgen voor haar kunnen zijn als ze komt, waardoor ze aarzelend kan zijn om te komen of helemaal niet naar het commando luistert. Dit is waar je geduld op de proef kan worden gesteld, maar neem een kalmeringspil en een diepe ademhaling.

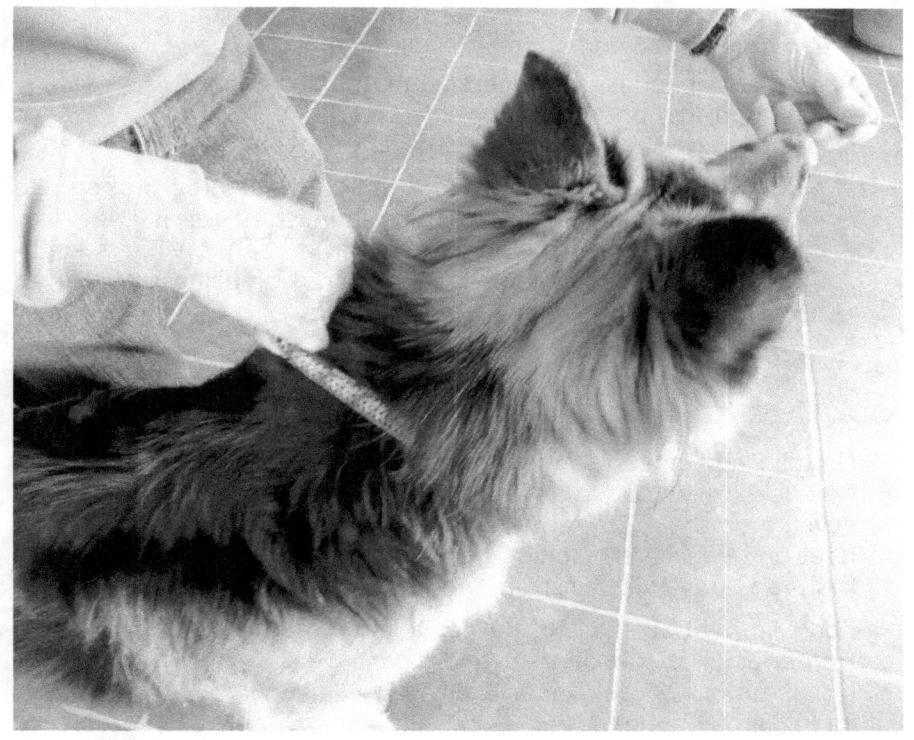

Laat Los

Ik gebruik een gesloten-vuist-aanpak om een Duitse Herder te leren hoe ze haar mond van dingen af moet houden. Onthoud nu hoe moeilijk dit is voor een hond om te doen. Hun eerste neiging wanneer ze iets zien dat ze verder willen onderzoeken, is om eraan te gaan snuffelen en vervolgens hun parelwitte tanden erop te zetten. Sommige dingen die ze misschien willen proeven, kunnen hen doden. Dus je moet een commando hebben dat je hond vertelt om zich te onthouden van haar natuurlijke gedrag. Het is een moeilijke opgave en het kan even duren en veel hondenkwijl op je handen opleveren, maar het is een must in je commandoarsenaal.

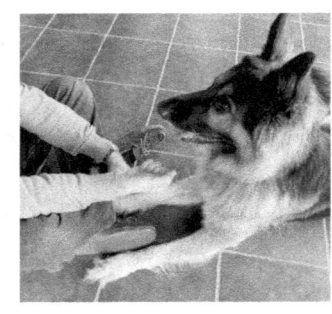

1. Plaats een heerlijke, onweerstaanbare beloning in een open hand op een plek waar Bella gemakkelijk naartoe kan wandelen om te onderzoeken.

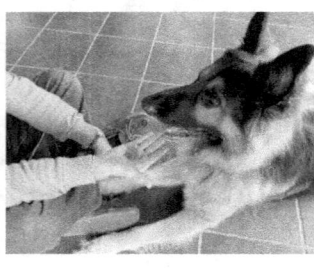

2. Wanneer Bella de beloning probeert te pakken, sluit je je vuist en zeg je "Nee, laat los." Ze kan kwijlen en aan je vingers knabbelen, maar wees sterk en blijf gewoon zitten met gesloten vuist.

3. Wanneer Bella stopt met haar orale aanval, open je je vuist en herhaal je de procedure.

4. Na talloze pogingen van je puppy om je hand te bespringen, zal ze het idee krijgen dat ze de beloning niet kan krijgen, dus op een gegeven moment zal ze gewoon blijven zitten wanneer je je hand open hebt en de lekkere beloning zichtbaar is. Ik herinner me dat ik het kwijl van Cody's kin zag stromen toen we in deze fase waren.

5. Zodra je hebt vastgesteld dat je Duitse Herder daar zit, min of meer onder controle, kun je "OK" zeggen en haar de beloning laten hebben.

6. Herhaal dit totdat je hond je alleen maar aankijkt met die grote bruine ogen alsof ze wil zeggen: "Ik snap het. Genoeg nu."

Blijf

Je hebt die beloningen nog steeds bij de hand, toch? Oké, laten we doorgaan. Er zijn hondentrainers die zeggen dat je geen "blijf" commando nodig hebt. Ze geloven dat wanneer je je hond een richting geeft, zoals "zit" bijvoorbeeld, dat de hond gewoon voor altijd moet blijven zitten totdat je haar vrijgeeft. Dat kan prima zijn voor sommige mensen, maar voor mij leek het nooit zo te werken. Ik heb altijd een driedelig proces gebruikt om een blijfcommando te implementeren en vrij te geven.

1. Eerst gebruik ik een "zit" of "af" commando.
2. Dan de "blijf" aanwijzing.
3. Ten slotte, om het blijven te beëindigen, is mijn vrijgavecommando altijd "vrij."

"Maar wacht even," zeg je. "Je hebt me niet verteld hoe ik een blijf moet doen." En je hebt gelijk, ik liep een beetje op de zaken vooruit. Laten we teruggaan en het opnieuw proberen, blijf nu bij me. Wat dacht je hiervan?

1. Zet je hond in de zitpositie.
2. Plaats je uitgestrekte arm voor je met de palm van je hand naar Bella gericht.
3. Zeg "blijf" en zet een stap of twee achteruit. Nadat je Duitse Herder een paar seconden in de zitpositie is gebleven, gebruik je welk woord je ook wilt om Bella vrij te geven en geef je haar een beloning.
4. Als je hond meteen haar zitpositie verlaat, begin dan opnieuw met zitten met uitgestrekte arm en geef het "blijf" commando zonder stappen. Nabijheid is soms belangrijk en als een hond voelt dat je binnen handbereik bent, zijn ze meer terughoudend om zonder toestemming te bewegen.

Uiteindelijk wil je eraan werken om wat afstand tussen je hond en jezelf te creëren terwijl ze in de "blijf" modus is, maar dat moet alleen worden gedaan wanneer Bella betrouwbaar is binnen een armlengte of twee.

Ga Liggen

Hier is een vraag voor je. Sla je je benen over elkaar als je gaat zitten, ongeacht wat je dokter zegt? Waarom denk je dat je dat doet? Ik kan je vertellen waarom ik mijn benen over elkaar sla als ik zit. Het maakt me comfortabeler. Het kalmeert me op een bepaalde manier, zodat wanneer ik op een saai feestje ben en ik naar iemand moet luisteren die over zichzelf praat, ik mijn wijn kan nippen, glimlachen en het verdragen. Nu zal je Duitse Herder zich waarschijnlijk niet op te veel feestjes bevinden, stel ik me voor, maar ze houden er zeker van om te ontspannen wanneer ze denken dat de dingen onder controle zijn om hen heen. Een van de manieren waarop honden graag ontspannen, is door te gaan liggen, dus het is een natuurlijk iets voor hen om te doen. Jouw taak is om het voor hen natuurlijk te maken om naar je te luisteren en op commando te gaan liggen.

1. Laat Bella zitten. Laat haar zien dat je haar meest favoriete, geweldige beloning in je hand hebt.

2. Neem je hand met de beloning erin, plaats deze voor Bella's neus en beweeg je hand vervolgens voor haar uit en naar beneden. De natuurlijke neiging van de puppy zal zijn om met haar neus helemaal naar de grond te volgen. Vergeet niet "ga liggen" te zeggen wanneer ze dit bereikt.

3. Voilà, je hebt een liggende hond. Geef de beloning en overvloedige lof.

4. Nadat het vanuit de zitpositie is beheerst, oefen je het "ga liggen" commando vanuit een staande start.

Los

De theorie achter deze specifieke oefening is om je Duitse Herder te betrekken bij een ruilspel. Mijn Duitse Herder is dol op ballen. De meeste zijn dat. Voor de langste tijd als puppy rende Cody rond met een bal in zijn bek en dacht er niet eens aan om deze te laten vallen of af te geven aan een mens. De bal was een van zijn meest gekoesterde bezittingen. Tot op een dag besefte hij dat ik zijn bal kon gooien, en hij kon hem achterna rennen. Hij hield ervan om de bal achterna te rennen, maar wilde hem nog steeds niet afgeven zodra hij hem had. Ik weet zeker dat het een raadsel voor hem was. Een bal in de mond versus zijn prooidrift gebruiken en de oranje bal achtervolgen. Hij zou het nooit op eigen houtje hebben uitgewerkt en daar kwam ik tussenbeide. Ik bedacht dat als

Cody van die ene bal zoveel hield, hij misschien twee keer zoveel van twee ballen zou houden.

1.   Ik ging de tuin in met twee oranje ballen en een zeer enthousiaste puppy. Met zijn aandacht volledig op mij gericht, gooide ik een van de ballen een klein stukje weg.

2.   Cody zou energiek achter de bal aan sprinten, hem in zijn bek pakken, en dan was zijn natuurlijke neiging om naar me toe te paraderen, niet om de bal te laten vallen, maar gewoon om me te plagen dat hij de bal had en ik niet.

3. Ik zou Cody dan de tweede bal in mijn bezit laten zien, naar zijn bal wijzen en dan naar de grond, en "los" zeggen. Dit werkte natuurlijk niet de eerste paar keer, dus toen introduceerde ik het beloningselement.

4. Gewapend met wat kleine stukjes vers gekookte kip zei ik tegen Cody "los" en zwaaide met een stukje kip onder zijn puppyneus.

5. Cody liet de bal vallen, at de beloning op en keek toen naar

mij terwijl ik daar stond met een bal in elke hand.

6. Zo verliep het proces daarna. Nog veel meer balworpen, meer beloningen, totdat Cody uiteindelijk terugkwam met zijn bal en hem op commando liet vallen.

7. Uiteindelijk werden beloningen uit de vergelijking gehaald, vervangen door de twee ballen.

8. Het "los" commando werd uiteindelijk overdraagbaar naar stokken, stenen en kleine dode dieren.

Trouwens, ik gebruik nog steeds twee ballen tegelijk wanneer ik apporteren speel met Cody, omdat we twee keer zoveel beweging kunnen doen in de helft van de tijd als we ons echt concentreren op het spel. Dus om de basisprincipes van de "los" oefening samen te vatten:

• Geef Bella een van haar favoriete speeltjes.

• Gebruik beloningen om Bella te overtuigen het speeltje op te geven.

• Elke keer dat ze loslaat, gebruik je het "los" commando, geef je haar een beloning en verbale lof.

• Als je hond niet beloningsgericht is (dat komt voor), begin dan met een speeltje van lage waarde en werk omhoog op de schaal van gekoesterde speeltjes.

• Uiteindelijk kunnen beloningen uit de vergelijking worden verwijderd om te worden vervangen door "ja" en "braaf meisje."

Af

Dit commando kan worden gebruikt om Bella van je favoriete stoel of de bank te houden. Het kan worden gebruikt om een episode van aanrechtklimmen kort te onderbreken. Het helpt zelfs om je hond te stoppen met op je springen wanneer je aan het einde van de dag thuiskomt. Het is een echt veelzijdig commando, maar het leren kan problematisch zijn. Het is geen gedrag dat je wilt aanmoedigen, dus je moet wachten tot je de deugniet op heterdaad betrapt. En zoals bij alle oefeningen die je je vierpotige vachtkind leert, is consequentie van het grootste belang.

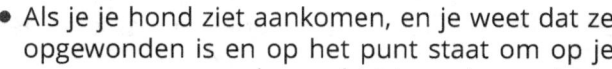

Als Je Hond Op Je Springt

Je moet je Duitse Herder zo snel mogelijk van deze slechte gewoonte afhelpen. Als je hond op iemand springt wanneer ze volgroeid is, kan ze hen omverwerpen en letsel veroorzaken, vooral bij oudere mensen. Dus het begint allemaal bij jou en hier zijn een paar tactieken om te gebruiken.

Af-opties

• Wanneer je Duitse Herder op je springt, draai je je rug naar haar toe en zeg je "af!"

Een strenge toon is vereist voor het commandowoord. Onthoud, je hond wil gewoon dat je met haar omgaat en door je rug te draaien laat je zien dat je geen aandacht aan haar zult besteden als ze zich zo gedraagt. Ze zal het uiteindelijk begrijpen.

• Als je je hond ziet aankomen, en je weet dat ze opgewonden is en op het punt staat om op je schone shirt te springen dat je net uit de droger hebt gehaald,

til dan je knie op zodat Bella haar poten niet op je borst kan planten. Timing en evenwicht zijn cruciaal.

• De laatste optie die je kunt inzetten, is het anticiperen op je Duitse Herder terwijl ze aanstalten maakt om op je te springen. Pak haar voorpoten vast terwijl ze op haar achterpoten staat en loop achteruit. Ze zal op dit punt waarschijnlijk gaan zitten en terwijl ze dat doet, moet je het "af" commando geven. Je moet oppassen dat je dit niet verandert in iets dat Bella als een spel beschouwt.

Het geruststellende om te weten over opspringen is dat het één gedrag is dat, samen met de leeftijd van de hond en jouw volharding, Bella zal ontgroeien.

Surfin' Safari

Wat kun je nu doen met een Duitse Herder die graag surft? In je huis. Braadstukken die van het aanrecht worden gestolen, taart die van de keukentafel wordt gepikt, opvallende plukken hondenhaar die op de bank worden achtergelaten. Laten we beginnen met de bank.

Je weet dat je in trainingsmodus met je hond altijd beloningen in je zakken moet hebben. Dus, wanneer je Bella uitgestrekt op de bank ziet liggen, moet je een paar van die heerlijke lekkernijen pakken, ze op het tapijt of de vloer leggen, en "af" zeggen terwijl je naar de beloningen wijst. Bella zal haar comfortabele plek verlaten voor het voedsel. Nogmaals, herhaling is het enige medicijn voor deze ziekte. Zelfs als je moe bent en je net thuis bent gekomen van je werk en het laatste wat je wilt doen is het gedrag van je hond corrigeren. Honden begrijpen consequentie.

Soms worden honden gewoon overweldigd door geuren. Je kunt zien dat ze niet echt nadenken over wat ze doen. Het instinct heeft de overhand genomen. Dat is het geval wanneer er voedsel op een aanrecht of een tafel ligt. Dit is wanneer het hebben van een grote hond zoals een Duitse Herder eigenlijk een nadeel kan zijn. Ze kunnen op hun achterpoten staan en schoon schip maken met wat er ook maar in het open ligt. Hier zijn enkele dingen die je kunt doen om ervoor te zorgen dat Bella zich netjes gedraagt.

1. Houd de aanrechten en tafels vrij van voedsel wanneer je ze niet onmiddellijk gebruikt. Dit betekent iedereen in het huishouden, inclusief de tiener die een boterham maakt en alle ingrediënten op het aanrecht laat liggen. Als er geen verleiding is, is er geen misdaad.

2. Als er een grote maaltijd aan de gang is, zeg kerst-diner, en er is absoluut overal eten, verwijder dan je hond uit het gebied. Als ze ergens een dagbed hebben of een kleedje waar je ze gewoonlijk naartoe stuurt, vertel ze dan om naar hun bed te gaan. Houd ze op hun plaats en uit de weg totdat het culinaire spektakel onder controle is.

3. Als je Duitse Herder gewoonlijk rondhangt waar voedselbereiding en -bezorging aan de gang zijn, zorg er dan voor dat er wat kleine beloningen in haar voerbak of op de vloer op een afgelegen plek terechtkomen. Als Bella beseft dat ze wat lekkers krijgt als ze beneden blijft, dan is dat waarschijnlijk een ingesleten gewoonte.

De Lijn Liefhebben

Ik heb het beste voor het laatst bewaard. Aan de lijn lopen is niet zozeer een commando als wel een manier van leven. Ik heb honden gezien

die heel snel leerden om aan de lijn te lopen zonder te trekken, en ik heb de persoonlijke honden van trainers gezien die zich slecht gedroegen aan de lijn. Nogmaals, er zijn hier geen geheimen voor succes.

Consequentie. Doe altijd dezelfde dingen bij het trainen aan de lijn, zodat je hond weet wat ze kan verwachten en wat er van haar wordt verwacht.

Oefening. Gebruik de lijn. Soms, wanneer je hond niet zo snel lijkt te leren als je zou willen, ben je geneigd situaties te vermijden waarin je ze aan de lijn moet doen. In plaats van een wandeling gaan ze de achtertuin in. Of naar het losloopgebied waar je ze zo snel mogelijk van de lijn kunt halen.

Doe dat niet.

Beloningen. Geef je Duitse Herder beloningen voor goed gedrag aan de lijn. Als het traktaties en voedsel zijn, geweldig. Zo niet, maak de speeltijd dan wat langer. Als je slimme meid beseft dat er goede dingen komen met tijd aan de lijn, zal Bella goed zijn. Het is tenslotte in haar eigen belang.

Geduld. Hoef ik meer te zeggen?

Begin Jong

Het beste wat je kunt doen wanneer die acht weken oude pup thuiskomt, is de halsband en de lijn tevoorschijn halen en ze omdoen. Onder toezicht, natuurlijk. Laat kleine Bella haar halsband dragen en de bevestigde lijn gedurende de dag achter zich aan

slepen, zodat het deel wordt van haar omgeving. Je kunt zelfs aan de lijn door het huis wandelen. Ga iemand storen die haar huiswerk aan het doen is. Onderbreek de videogamemarathon. Kijk wat er in de keuken wordt gekookt. Je zult moeten wachten tot je Duitse Herder wat ouder is om formeel te beginnen met het trainen aan de lijn. Drie maanden oud is meestal wanneer Duitse Herders training beginnen te begrijpen, dus wanneer je er klaar voor bent, probeer dan dit.

- Schaf een heuptasje aan. Vul het met beloningen. Het is een handig hulpmiddel om te hebben wanneer je handen vol zullen zijn met de lijn en het uitdelen van beloningen.

- Beslis aan welke kant je hond zal lopen. Ik vind de linkerkant natuurlijker voor mij en het is de "traditionele" kant, ter informatie.

- Begin flink door te stappen met een losse lijn in je rechterhand, en je linkerhand, met beloningen, aan je zijde.

- Je puppy zou natuurlijk naar die linkerkant moeten neigen. Blijf lopen en deel af en toe een beloning uit zolang Bella aan je zijde blijft. Na verschillende expedities kun je proberen aan de lijn te lopen met minder beloningen.

- Als je hond trekt, verander dan onmiddellijk van richting en loop de andere kant op. Het idee is om het concept in het brein van je hond te planten dat ze jou moet volgen, niet andersom.

- Wanneer Bella je volgt, zorg er dan voor dat de beloningen vloeien.

- Sommige honden zijn snelle leerlingen, sommige zijn weerbarstige leerlingen. Je zult snel weten welke je in handen hebt.

Dat is dus een kort overzicht van een deel van het fundamentele werk dat je zou moeten doen met je opgroeiende Duitse Herder. Ja, het is een beetje werk, maar het loont op de lange termijn met een zeer beschaafd canine lid van je familie. "Als je eetlust voor training is aangewakkerd en je benieuwd bent hoe je verder kunt met de opvoeding van je Duitse Herder, dan is het volgende hoofdstuk — dat ik 'Honden met Banen' noem — speciaal voor jou geschreven.

HOOFDSTUK 13
Honden met een baan

"De Duitse Herder is een van de meest intelligente en actieve rassen, wereldwijd ingezet voor vele verschillende taken: waakhond, blindenge-leidehond, therapiehond, hulphond, militaire hond, politiehond, drugs-speurhond, reddingshond en nog veel meer."

Klaus Langenbach
Kennel Vom Geisterholz

Soms weet je gewoon dat je hond meer te doen moet hebben. Er zijn tekenen. Het kan zijn dat Boris daar staat te trillen van overtollige energie. Je hebt gehoorzaamheidstraining gedaan tot het je neusgaten uitkomt met deze viervoetige superatleet en je hebt hem zijn lunch gegeven, maar het is niet genoeg. Boris is gemaakt voor grotere dingen. Hij wil een acteur zijn op een groter podium. Hij vermoedt dat er meer in het leven moet zijn dan de achtertuin, het plaatselijke park en ritjes naar de bouwmarkt. Boris heeft die blik in zijn ogen alsof hij op zoek gaat naar problemen. Nou, misschien zou hij daadwerkelijk naar problemen moeten zoeken. Ik bedoel echt. Misschien heeft hij een baan nodig.

Foto:
Katy Howard

SAR-honden

Zoek- en reddingshonden maken er een punt van om naar problemen te zoeken. Maar hun taak is om in die situaties te helpen. Veel door burgers geleide SAR-organisaties suggereren dat je al vanaf twaalf weken kunt beginnen met het trainen van je pup voor een hulprol. Duitse Herders zijn een van de meest gewaardeerde rassen voor dit werk. Het kan echter een langdurig en kostbaar voorbereidingsproces zijn; het is niet ongewoon dat het enkele jaren duurt en eigenaren kunnen duizenden euro's uitgeven om zich voor te bereiden op de kwalificatie-examens. In het algemeen vallen SAR-honden in twee categorieën.

1. Luchtspeurende honden. Deze speurneuzen werken zonder lijn en volgen elke menselijke geur in de lucht.

2. Volghonden. Ze werken met een lijn en volgen een grondspoor.

Je moet extreem toegewijd zijn om betrokken te raken bij zoek- en reddingswerk. SAR-honden moeten een extreem hoge prooigedrevenheid hebben. Er is geen salaris, maar er is zeker voldoening.

Schutzhund

Het Duitse woord 'schutzhund' betekent "beschermhond". Het is een sport die specifiek voor de Duitse Herder is ontworpen. Je herinnert je de goede oude Max von Stephanitz nog wel uit hoofdstuk één. Von Stephanitz was betrokken bij het ontwikkelen van deze triatlon voor Duitse Herders, die bestaat uit:

- Speuren
- Gehoorzaamheid
- Bescherming

Het is ook meer dan alleen een streng beoordeelde wedstrijdsport. Als onderdeel van het Schutzhund "diploma" wordt de individuele hond fysiek en mentaal geëvalueerd op zijn geschiktheid voor de fokkerij. IPO (Internationale Prüfungsordnung) is een vergelijkbare competitie als Schutzhund.

Persoonlijke bescherming

Hoewel er veel bedrijven zijn die je een getrainde hond voor persoonlijke bescherming verkopen, kun je ook je eigen hond professioneel laten trainen als hij het juiste temperament heeft. Of je kunt in theorie je eigen hond trainen in persoonlijke bescherming, hoewel ik dat niet aanraad. Als je niet weet wat je doet, kun je eindigen met een extreem antisociale en agressieve hond die niet geschikt is voor een gezinsomgeving. Dus, als je na uitgebreide gehoorzaamheidstraining denkt dat je gezin nog steeds een hogere mate van bescherming nodig heeft, kijk dan of je Duitse Herder in aanmerking zou komen voor professionele training in persoonlijke bescherming.

Foto: Celeste Schmidt Dakonic GSDs

Speurhonden

Bij deze categorie denken de meesten van ons aan speurhonden als de drugshonden en bomzoekende honden die je elke avond op verschillende televisieprogramma's kunt zien. Hoewel die activiteiten bijna volledig in handen zijn van politie en wetshandhavingsinstanties, zijn er verschillende speurdienstdiensten die worden aangeboden door civiele trainers en hun hondenpartners.

- Termietendetectie. Deze destructieve kleine insecten gebruiken verschillende geuren om te communiceren en daar komt de ongelooflijke neus van de Duitse Herder van pas. Termietenspeurhonden kunnen de aanwezigheid van dit schadelijke beestje signaleren zelfs voordat het menselijk oog schade kan zien.

- Schimmeldetectie. Nog een waardeverminderaar van onroerend goed die kan worden ontdekt door de goed opgeleide Duitse Herder. Zoals bij elk geurdetectieproces wordt de hond blootgesteld aan verschillende veelvoorkomende schimmels en hun geuren, die vervolgens in het encyclopedische geurengeheugen van de hond worden opgeslagen.

- Brandversnellerdetectie. Deze speciaal getrainde honden helpen brandweer- en politiediensten bij het onderzoek naar branden die opzettelijk zijn aangestoken.

- Bedwantsendetectie. Hoewel de gedachte aan bedwantsen in je huis je misschien kippenvel bezorgt, is voor een goed getrainde bedwantsenspeurhond het idee om naar deze bloedzuigende beestjes te zoeken opwindend. Een bekwame hondendetective zou in staat moeten zijn om levende bedwantsen en eitjes te ruiken, evenals oude besmettingen.

- Natuurbeschermingsdetectie. Deze honden worden gebruikt om te helpen bij het uitvoeren van onderzoeken in wildlifeonderzoek door te zoeken naar uitwerpselen en andere tekenen van de aanwezigheid van een dier in een bepaald geografisch gebied.

Dit zijn dus de hardcore, stoere beroepen waar jij en Boris bij betrokken zouden kunnen raken. Wie weet kun je zelfs je brood verdienen met een van hen. Boris' Bedwantsen Bestrijdingsbedrijf BV. Klinkt goed, vind ik. Maar als je eraan denkt om iets met Boris te doen dat meer mensgericht is, iets therapeutisch misschien, wat dacht je hiervan?

Therapiehonden

Deze baan draait helemaal om levenskwaliteit. Therapie-Boris gaat naar verzorgingstehuizen, ziekenhuizen, scholen, overal waar hij wordt uitgenodigd. Hij brengt een gevoel van troost en gezelschap aan mensen die soms gewoon behoefte hebben om iets te knuffelen. Er zijn tests die moeten worden afgelegd om te kwalificeren, maar de nummer één vereiste is het vermogen tot kalmte. Rustige Boris, brave jongen.

Hulphonden

Er zijn drie soorten hulphonden.

1. Blindengeleidehonden werken met visueel beperkte mensen.
2. Signaalhonden helpen dove en slechthorende personen.
3. Hulphonden werken met mensen die mobiliteitsproblemen, psychiatrische uitdagingen en medische zorgen hebben.

Hoewel het mogelijk is om een volledig getrainde hond te verkrijgen via verschillende organisaties voor mensen met een beperking, zijn de wachtlijsten nogal ontmoedigend. Om nog maar te zwijgen van het prijskaartje van meer dan twintigduizend euro. Je kunt je eigen hulphond trainen, maar dat kost tijd en geld. Ik raad aan om naar de website van

Foto:
Michele Hill

de Raad van Beheer op Kynologisch Gebied in Nederland te gaan voor meer informatie over hoe je kunt beginnen.

Als je op zoek bent naar een hondenbaan die gedijt op pure energie, snelheid en atletisch vermogen, dan is de volgende misschien iets voor jou. Je moet in staat zijn om in een fractie van een seconde beslissingen te nemen, te werken met handsignalen en stemcommando's, en bovendien de klok kunnen verslaan.

Agility-training

Foto:
Samuel Ireland

Jij en Boris zullen een hoog niveau van gehoorzaamheidstraining moeten bereiken om succesvol te zijn op de agilitybaan. De wedstrijden omvatten hindernissen, tunnels, sprongen, slalompalen en zelfs een breedtesprong. Het draait allemaal om teamwerk en intensiteit.

Als je wilt wedijveren maar niet rond wilt sprinten op een agilityparcours, kun je een activiteit overwegen waarbij je een beetje moet joggen in de ring en die je misschien zelfs naar de Westminster Dog Show in New York brengt.

Exterieurtraining

Hondenshows zijn een van de meest populaire competitieve hondenactiviteiten in het land. Het is een wedstrijd waarbij individuele honden worden beoordeeld volgens specifieke rasstandaarden. Hier lees je hoe je kunt beginnen als je zin hebt in de showring.

- Zorg ervoor dat je Duitse Herder is geregistreerd bij de Raad van Beheer op Kynologisch Gebied in Nederland.
- Word lid van je lokale kynologenclub. Ze bieden trainingslessen aan.
- Als je denkt dat je hond veel potentieel heeft en je hebt diepe zakken, kun je een professionele handler inhuren tegen een vergoeding.

Herderswerk-training

De Raad van Beheer erkent verschillende niveaus van competitief herden. Om te beginnen moet je hond eerst slagen voor de Natural Herding Aptitude Test (NHAT) - een aanlegtest die bestaat uit een sociaal deel en een schapentest om te bepalen of je hond het instinct heeft. Daarna volgt de Herding Working Test (HWT), waar de hond naast instinct ook werkvermogen moet tonen in een kort parcours. Voor gevorderde honden zijn er de International Herding Trials in klasse 1, 2 en 3. De Raad van Beheer biedt deze tests en wedstrijden aan om te bepalen of je hond het instinct heeft om een succesvolle herdershond te zijn.

Er zijn natuurlijk veel activiteiten waar jij en Boris tijd kunnen doorbrengen met het versterken van jullie band en het verbranden van calorieën. Het hangt een beetje af van je niveau van toewijding en interesse. Maar wat als je hond moeite lijkt te hebben om te begrijpen wat je van haar wilt? Wat als ze ronduit slecht gedrag vertoont? Het zou gewoon een weerspiegeling kunnen zijn van alles wat je haar hebt geleerd. Dat is waar het spoor ons in het volgende hoofdstuk brengt, getiteld "Ongewenst gedrag: Wie is een stoute meid?"

HOOFDSTUK 14
Ongewenst Gedrag: Wie is er Stout?

Het eerste wat je moet controleren bij elke poging om het gedrag van je Duitse Herder te analyseren en te veranderen, is de gezondheid van je hond. Is er een medisch probleem dat het gedrag veroorzaakt dat je probeert te veranderen?

- Inmiddels ken je je dierenarts bij de voornaam; ze houden waarschijnlijk zelfs een plekje voor je vrij in de kliniek omdat ze je klandizie zo waarderen. Oorontsteking, blaasontsteking, noem maar op - zorg voor een schone gezondheidsverklaring van dokter Welzijn voordat je verdergaat met het bedenken van een plan van aanpak.

Aangenomen dat je dierenarts jou en Hermione (Her-mi-jo-nee) medisch heeft goedgekeurd, zou de volgende stap op je checklist voor slecht gedrag een van mijn gebruikelijke verdachten moeten zijn.

- Lichamelijke & Mentale Beweging. Als je niet half uitgeput bent door het stimuleren van je Duitse Herder, dan doe je je werk niet goed. Deze honden zullen zichzelf bezighouden als je ze niet in de gaten houdt, en wanneer ze zichzelf vermaken, is vernieling van eigendommen vaak niet ver weg.

Dus, je hebt vastgesteld dat Hermione gezond is; ze krijgt veel lichaamsbeweging en je speelt elke dag schaak met haar zodat ze mentaal gestimuleerd wordt. Waarom dan toch al dat geblaf? En slecht gedrag gaat veel verder dan blaffen. Laten we eens kijken naar mijn "wie is er stout?"-boodschappenlijstje.

Wie is er Stout?

- Overmatig blaffen en janken. Duitse Herders zijn sowieso geneigd om naar de meeste dingen te blaffen, maar er is een grens. Het wordt overmatig wanneer ze meer dan gemiddeld 10 keer per dag blaffen.

- Uitvallen. We hebben het allemaal meegemaakt. Het is zeer ongepast als je hond uitvalt naar andere honden en verschillende kleine dieren.

- Wegschieten. Dit staat op een goede tweede plaats in mijn "stoute meid"-boekje. Niemand heeft behoefte aan een weglopende Duitse Herder in zijn leven.

Foto:
Makenzi Hall

- Opspringen. Het is niet acceptabel en het kan ronduit gevaarlijk zijn.
- Kauwen. En nog meer kauwen. Schoenen, portemonnees, mobiele telefoons, alles kan doelwit zijn.
- Bedelen. Het is irritant en het moet stoppen. Hoe is dit eigenlijk begonnen?
- Trekken aan de lijn. Mijn favoriete ergernis. Echt, wat is de haast?
- Mondgedrag. Velen van jullie kennen dit misschien onder andere namen: bijten en knabbelen.
- Tafelschuimen. We hebben het hier eerder over gehad. Het is het soort schoonvegen dat niemand in huis wil hebben.
- Zelfverminking. Als je dit niet met je dierenarts hebt besproken, is het tijd voor een nieuw consult.
- Agressie. Dit kan vele vormen aannemen, maar leidt altijd tot onge- wenst en soms gevaarlijk gedrag.

Foto:
William Chilton

Dit is slechts mijn "wie is er stout?"-lijst en is zeker niet volledig, maar het kan allemaal niettemin uitputtend zijn. Je volgende stap bij het aanpakken van elk van deze individuele gedragingen is het bepalen van de hoofdoorzaak. Dat herinnert me eraan dat graven niet op de lijst staat, maar er heel goed op zou kunnen staan. Maar dat terzijde, laten we willekeurig één gedraging uit de lijst pakken om als voorbeeld te behandelen.

Stoute Meiden, Wat Ga Je Doen?

Wegschieten. Stel je dit scenario voor. Je besluit dat je naar buiten moet via de voordeur. Bijvoorbeeld om de krant op te halen die op het gazon ligt. Dat is als je het geluk hebt dat je nog thuisbezorging van de krant krijgt. Maar net als je de deur opent, word je hardhandig opzij geduwd door een zwart-bruine goederentrein op vier poten die op weg is naar de vrijheid. Dat is wegschieten. Ze had net zo goed door de achterdeur, uit de auto bij de hondenspeelplaats of door het hek naar wie weet waar kunnen rennen. Wegschieten is niet wat ik zou omschrijven als een psychiatrisch probleem of een mentaal probleem, maar het is wel gedragsmatig en moet worden bijgeschaafd. Het kan een trainingsprobleem zijn dat je hebt genegeerd. Misschien had je gewoon te veel aan je hoofd. Iedereen in huis zei dat ze een hond wilden, maar als het erop aankomt, lijkt Hermione jouw Duitse Herder te zijn. Vooral als er een probleem is. Dus, aangezien jij de eigenaar bent van deze wegschieter-hersenkraker, zou ik in dit geval het volgende voorstellen.

Onderbrekingscommando

Dit is een nuttige aanwijzing om in je trainingskist te hebben en het kan worden gebruikt om Hermione in haar sporen te doen stoppen. In dit geval wil ik het hebben over het "Wacht"-commando. Dit onderbrekingscommando kan worden gebruikt om allerlei ongewenst gedrag te voorkomen, en het heeft bovendien het dubbele effect dat het je leiderschap bevestigt, wat iets is dat je bij elke gelegenheid moet doen. Waarom? In wezen omdat Hermione moet weten wie de leiding heeft in je huishouden en dat kan maar beter niet zij zijn.

Wacht op Mij

1. Je zult Hermione aan de lijn moeten houden. De lijn is zowel een psychologische zet als een middel om haar fysiek in bedwang te houden. Het mentale aspect zegt: "Ik heb de controle. Let op mij." Het is onderdeel van jouw leiderschap voor je Duitse Herder.

2. Positioneer jezelf bij de deur met Hermione naast je. Je zult de opwinding bij je hond voelen, dus het is tijd om je voor te bereiden op het uitoefenen van controle.

3. Open de deur. Wanneer Hermione naar voren springt, geef je haar een snelle maar stevige ruk aan de lijn, zeg je "wacht" en sluit je snel de deur.

4. Je zult dit herhaaldelijk moeten doen, aan de lijn trekken, het "wacht"-commando geven en de deur sluiten totdat, wonder boven wonder, je de deur een keer opent en Hermione gewoon blijft staan, hopelijk naar je kijkend.

5. Wanneer Hermione zich eindelijk beheerst, is dat reden voor lof en beloningen.

6. Je moet hiermee blijven oefenen totdat je de deur open kunt laten staan en Hermione geen aanstalten maakt om weg te schieten en simpelweg wacht op de volgende instructie van jou.

7. Je moet eraan denken dit elke keer te doen als je je klaarmaakt om naar buiten te gaan. Herhaling maakt het een gewenste gewoonte.

Gedachtenversmelting

Ik weet niet hoeveel fans van de originele Star Trek dit lezen, maar in die oude tv-serie kon Spock iets doen dat de Vulcan mind meld werd genoemd. Hij gebruikte telepathie om in iemands anders gedachten te komen en in wezen de twee geesten te combineren, waardoor een "gedachtenversmelting" ontstond. Waarom breng ik dit ter sprake in een boek over Duitse Herders? Nou, uit mijn ervaring lijkt het erop dat mijn Duitse Herder elke dag gedachtenversmeltingsspelletjes met me speelt. Als Cody telepathie op mij zou kunnen gebruiken, zouden de dagelijkse gesprekken ongeveer als volgt verlopen.

Cody: "Nou, wat gaan we vandaag doen? Ik zou graag hier dit pad afgaan, laat me je laten zien wat ik denk. Die zwarte eekhoorn die ik hier de afgelopen twee dagen achter elkaar heb gezien, hangt misschien nog steeds rond..."

Ik: "Nee, we kunnen niet dat pad af. We moeten hierlangs omdat er wat struikgewas is dat ik moet oppakken en naar de brandstapel moet brengen."

Cody: "Oh man, geen werk, dat is zo saai. Waarom slaan we dat niet over en gaan we wandelen bij de put? Daar hangen de konijnen rond en ik heb er laatst bijna eentje gevangen."

Ik: "Nee, Cody. We moeten het struikgewas verplaatsen. Nu meteen."

Cody: "Wat jij zegt, maar wat dacht je van..."

Ik denk dat je het idee begrijpt. Duitse Herders verleggen altijd de grenzen en wanneer hun gedrag niet wordt gecorrigeerd of in de gaten gehouden, gaan ze er gewoon van uit dat ze goedkeuring hebben omdat ze slimme en zelfverzekerde individuen zijn. Ze willen wel met hun mensen samenwerken, maar het is geen ongekwalificeerde relatie van totale acceptatie. Jij moet de leider zijn en creatief omgaan met eventuele problemen met het gedrag van je Duitse Herder op verschillende niveaus.

Trigger Vinger

Leg je vinger op alle triggers voor het gedrag dat je probeert te veranderen en elimineer ze. Koppel de deurbel los, loop de andere kant op als je Duitse Herder in de verleiding komt om het aan de stok te krijgen met de naderende hond, haal het eten van het aanrecht. Als je even nadenkt over triggers, kun je de meeste ervan elimineren.

Dubbele Blootstelling

Soms kan een prikkel, een trigger, worden overwonnen door blootstelling. Als harde muziek of de radio je hond van streek maakt, speel het dan vaker. Hoe meer het een deel wordt van het leven van een hond, hoe meer het deel wordt van het voorbijgaande decor. Een andere trigger kan kleine kinderen zijn. Sommige Duitse Herders weten gewoon niet wat ze ervan moeten denken. Ze zijn niet zeker of het speelgoed is, of mogelijk een klein dier dat moet worden achtervolgd. Je moet dit soort socialisatiesituaties zorgvuldig in de gaten houden, maar door de blootstelling aan kleine kinderen geleidelijk te verhogen, worden kleine mensen in de ogen van je Duitse Herder normaal.

Onwetendheid Is een Zegen

Als Hermione verandert in een bedelaar voor etensresten, zijn daar een paar redenen voor. Gelegenheid en bekrachtiging. Beide komen rechtstreeks op jouw schouders terecht. Stop met het geven van tafelresten aan dat bedelende gezicht en doe het nooit meer. Negeer het bedelen en jammeren totdat het uiteindelijk ophoudt. Het zal een touwtrekken zijn, maar je zult uiteindelijk winnen als je sterk blijft. Soms leidt iets negeren tot gelukzaligheid.

Meerkeuze

Als je Duitse Herder stout is, denk er dan aan om af te leiden en te verstrooien. Kauwt ze op je favoriete Manolo Blahnik feestschoenen? Geef haar een van haar favoriete piepspeeltjes zodat ze in plaats daarvan iedereen gek maakt met dat ding. Als je je hond andere opties biedt, is ze een opportunist en zal ze gebruik maken van het beste alternatief.

Roep de Experts In

"Knabbelen en bijten kan een uitdaging zijn voor nieuwe eigenaren van Duitse Herders. Begrijp dat dit een ras is dat gefokt is op prooidrift en hoeden. Je zult dat instinct nooit veranderen, maar je kunt de drift gebruiken om ander gewenst gedrag aan te leren."

Erika Martin
Century Farms

Als je nog steeds problemen hebt met slecht gedrag nadat je je best hebt gedaan om het te elimineren, dan is het tijd om de probleemoplossers in te schakelen. Trainers worden meestal ingeschakeld om problemen met agressie en verlatingsangst aan te pakken. Je staat misschien te dicht bij de situatie om een oplossing op maat te bedenken. Een goede leider weet wanneer hij om hulp moet vragen.

Brave Meid, Brave Jongen!

Er zijn oplossingen voor veel ongewenst gedrag. Dat wil zeggen: als je nadenkt over wat het probleem is, rekening houdt met Hermiones persoonlijkheid en bereid bent om, indien nodig, tijd en geld te investeren. Nu we dit hoofdstuk afsluiten, wil ik enkele rasspecifieke gedragsproblemen noemen die ik in mijn ervaring met Duitse Herders ben tegengekomen.

- Blaffen. Duitse Herders blaffen naar alles. Ze blaffen als ze een kamer binnenkomen. Ze blaffen naar mensen die een kamer binnenkomen. Ik geloof dat het gewoon in hun aard ligt om alarm te slaan.

Je kunt overmatig blaffen stoppen door een onderbrekingscommando te gebruiken, maar ik gebruik het niet vaak. Enig geblaf is gewoon onderdeel van het pakket.

• Verlatingsangst. Duitse Herders houden van hun mensen en zullen al hun tijd besteden aan het volgen van jou overal waar je gaat, zelfs naar de badkamer als je de deur niet dichtdoet. Je moet ze vroeg trainen om te begrijpen dat wanneer je weggaat, je altijd terugkomt.

Het laatste probleem dat ik wil aankaarten is het mijnenveld van agressie. Het "A"-woord is een verzamelnaam voor verschillende soorten gedrag die elk hun eigen unieke oorsprong hebben.

1. Dominantieagressie. Meestal gericht op familieleden. Uit zich in acties zoals door deuropeningen duwen en simpelweg bevelen negeren van mensen naar wie de hond meent niet te hoeven luisteren.

2. Angstagressie. De Duitse Herder kan bang zijn voor mensen buiten haar eigen familie, of voor dingen die ze niet vaak tegenkomt. Uit zich meestal als grommen, tanden ontbloten en blaffen.

3. Beschermende agressie. Een Duitse Herder is geneigd territoriaal te zijn en als hij dit type agressie ervaart, zal hij blaffen en grommen, wat kan escaleren tot achtervolgen en bijten als het dier zich bedreigd voelt.

Dit zijn de drie belangrijkste agressiecategorieën en ze kunnen allemaal worden onderverdeeld in meer specifieke subcategorieën, toegesneden op de individuele Duitse Herder. Al deze problemen, als ze aanhouden bij je hond, worden het beste aangepakt door een professionele trainer met een goede reputatie voor positieve resultaten door positieve bekrachtiging.

Laat me dit hoofdstuk, waarin we zoveel negatieve aspecten van deze prachtige honden hebben bekeken, afsluiten met een positieve observatie. Er is niets bevredigender aan het einde van een leuke dag dan naar je Duitse Herder te kijken en "Brave meid!" of "Brave jongen!" te zeggen, want uiteindelijk zijn het echt goede honden.

HOOFDSTUK 15
De Wijde Wereld In

"Als je honden van jongs af aan laat reizen en het een normaal onder-
deel van hun opvoeding maakt, zullen ze voor altijd goed reizen. Ik raad
aan om een bench te gebruiken en die bench tot iets positiefs te maken,
dan kunnen ze overal naartoe in die bench. Ze houden gewoon van hun
roedel en willen er graag bij zijn."

November Holley
Harrison K-9

Ik begin dit deel van De Complete Gids voor Duitse Herders met een iets andere benadering van reizen met je Duitse Herder. Eigenlijk begin ik met een vraag. Wanneer je je voorbereidt op een reis, stel jezelf dan het volgende.

• Waar zal je Duitse Herder zich het meest comfortabel voelen?

We moeten altijd overwegen wat het beste is voor onze Duitse Herders in elke situatie, en reizen vormt daarop geen uitzondering. Ja, je grote vriend maakt deel uit van het gezin en vindt het heerlijk om bij zijn roedel te zijn. Maar zal hij het echt prettig vinden om in een bench gestopt te worden en het hele land door te vliegen? Zal hij daadwerkelijk plezier beleven aan de hotelkamers waar hij zal verblijven?

Ik denk dat je wel begrijpt waar ik naartoe wil. Honden en reizen moeten altijd per individu worden bekeken. En het is prima als je tot de conclusie komt dat je Duitse Herder beter af is als hij thuisblijft bij een vertrouwde verzorger. Dat zou de meest verstandige beslissing zijn als je Duitse Herder te gestrest raakt door ontworteld te worden. Hij zal je missen als je weg bent, maar je zult geen jaren van zijn hondenleven afhalen door hem zijn brokken te laten inpakken voor een lange reis terwijl hij liever gewoon rondrent in het loslopgebied. We komen later in dit hoofdstuk terug op de verschillende thuisblijf-opties. Nu we deze belangrijke overweging hebben besproken, gaan we verder met de rest van jullie die eraan denken om de wijde wereld in te trekken.

Mijn Tip
➢ Voordat je zelfs maar denkt aan een langere reis, zorg ervoor dat je Duitse Herder veel ervaring heeft met korte autoritten. Elke dag als het kan. Als je pup gevoelig is voor wagenziekte, koop dan een hon-

dengordel die hem ondersteunt terwijl hij naar voren kijkt in plaats van opzij. Dat zal het overgeven verminderen.

Voorbereidingen voor Vertrek

Dus, het is tijd voor een roadtrip en iedereen is erg enthousiast. Mensen pakken veel te veel in, iedereen wil zijn laptop en mobiel meenemen, en je hebt net de dvd-speler in de auto laten repareren, dus het ziet er goed uit. De koffers stapelen zich op, maar wacht even. Wat met Wolfgang? Wie pakt voor hem in?

Voordat Je de Oprit Verlaat

Foto:
Debra Moreno

- Je hebt toch reserveringen gemaakt? Alle hotels zijn toch hondvriendelijk? Controleer vooraf of er losloopgebieden en andere geschikte plekken zijn om te bewegen in de buurt voordat je boekt.

- Het kan de moeite waard zijn om voor Wolfgang een afspraak te maken bij je dierenarts voor een snelle controle. Hoe gaat dat oude gezegde ook alweer over voorkomen is beter dan genezen?

- Iemand heeft toch de dichtstbijzijnde dierenartspraktijken of dierenklinieken langs de route en op je bestemming genoteerd? Hoe attent!

- Zorg ervoor dat alle medische informatie van Wolfgang en zijn medicijnen zijn ingepakt voor de reis.

- Controleer dubbel of de identificatieplaatjes van je hond, met jouw contactgegevens, intact, leesbaar en stevig aan zijn halsband zijn bevestigd.

- Het is aan te raden dat Wolfgang een microchip heeft. Een implantaat kun je niet verliezen.

- Neem verschillende recente foto's van je Duitse Herder mee. Als hij op de een of andere manier kwijtraakt, wil je hem kunnen beschrijven met een flatterende foto erbij.

Foto:
Mark Hager

- Zorg ervoor dat je een lijn, hondenvoer, veel water, voer- en waterbakken, poepzakjes, borstel hebt ingepakt, EN

- Een EHBO-kit voor honden, met daarin gaas, plakband, schaar, pincet, tekentang, antiseptische doekjes, Benadryl en een muilkorf.

- Hondentuig met riem. Je wilt ervoor zorgen dat Wolfgang veilig op zijn plek zit en niet door het voertuig zwerft.

- Meerdere rollen keukenpapier. Deze komen van pas in allerlei gezinssituaties, maar werken vooral goed bij noodgevallen met je Duitse Herder.

- Neem een opvouwbare reisbench mee, vooral als je Duitse Herder benchtraining heeft gehad en 's nachts naar een bench zal zoeken om in te slapen.

- Speeltjes. Zijn favorieten en een paar andere. Je kunt nooit te veel speeltjes hebben.

Maar wacht even, nu overweeg je de roadtrip opnieuw. Al die uren rijden klinken niet zo aantrekkelijk als je de stops, hotelovernachtingen en maaltijden bij elkaar optelt. Je denkt misschien dat je gaat vliegen. Je kunt Wolfgang gewoon in een bench stoppen, hem op het vliegtuig zetten, hem aan de andere kant ophalen, en weg ben je. Alle plezier van een vakantie maar zonder de sleur van de snelweg. Maar niet zo snel. Je dacht dat er veel voorbereidingen nodig waren voor een roadtrip met je Duitse Herder? Denk eens aan de voorbereidingen voor het opstijgen.

Vluchtplan

- Boek een directe vlucht voor Wolfgang. Je weet hoe jij je voelt als je te veel tussenstops hebt. Stel je voor dat je een hond in een bench bent die nog nooit heeft gevlogen.

- De meeste luchtvaartmaatschappijen hebben richtlijnen voor het vervoeren van huisdieren die je moet raadplegen. Daarbij hoort ook de vereiste van een gezondheidscertificaat afgegeven door een dierenarts.

- Zorg ervoor dat je een goedgekeurde transportbench hebt. Controleer bij de specifieke luchtvaartmaatschappij die je gebruikt of je bench aan hun specificaties voldoet.

- De bench moet dezelfde maat hebben als degene die je thuis gebruikt. Als je je hond niet in een bench houdt in huis en er een moet aanschaffen, zorg er dan voor dat deze groot genoeg is voor Wolfgang om in te staan en zich om te draaien. Hij moet goed geventileerd zijn met een absorberende bodem.

- Als je hond niet benchgetraind is, laat hem dan ruim voor de vertrekdag wennen aan de bench.

- De bench moet duidelijk geïdentificeerd zijn met je naam en contactnummers, evenals de naam van de hond.

- Voordat je naar de luchthaven vertrekt, zorg ervoor dat Wolfgang een redelijke hoeveelheid beweging heeft gehad. Semi-uitgeput zijn zal helpen om de scherpe kantjes van zijn vliegangst af te halen.

- Als je denkt dat Wolfgang misschien niet goed zal reizen en overweegt om hem te kalmeren met medicijnen, denk dan nog eens na. Nederlandse dierenartsen raden ten sterkste af om verdovende middelen te gebruiken bij vliegreizen omdat dit gevaarlijke dalingen van bloeddruk en lichaamstemperatuur kan veroorzaken, wat in combinatie met veranderende cabinedruk levensgevaarlijk kan zijn..

Een laatste opmerking over vliegen en Duitse Herders. Er is altijd een risico voor dieren bij het reizen per vliegtuig. Zorg ervoor dat je beslissing goed doordacht is en geen impulsieve keuze.

Nog Eens Nadenken

Nu je alle voorbereidingen hebt doorgenomen die nodig zijn om Wolfgang mee te nemen op vakantie met het gezin, denk je misschien dat hij eigenlijk liever thuis zou blijven. Maar je hebt nog niet alle opties verkend.

Pension Overwegingen

Kies niet willekeurig een pension na wat zoeken op internet. Alleen omdat het in de buurt is, een speciale aanbieding heeft van vijfentwintig procent korting voor een beperkte tijd, en gratis traktaties biedt, betekent dat helemaal niets. Je brengt veel tijd door bij de dierenarts. Waarom niet kij-

Foto:
John Micallef

ken of zij pensionaanbevelingen hebben? Als ze die hebben, en als je klanten van dat pension kunt vinden om mee te praten, geeft dat je de nodige informatie en wijst je misschien in de juiste richting. Informatie verzamelen tijdens je wandelingen in de buurt of in het losloopgebied is ook een manier om een idee te krijgen van een pension. Zodra je een paar namen hebt om over na te denken, ga ze dan bekijken.

Focus op de Faciliteit

- Hoe voel je je als je rondloopt op het terrein? Je moet je comfortabel voelen bij de omgeving.

- Wat is het geluidsniveau? Als het overmatig is, moet je aan ergens anders denken.

- Ruikt het? Dit is altijd een indicatie van het hygiëneniveau, of het gebrek daaraan, wat kan wijzen op niet genoeg personeel, niet genoeg aandacht voor detail.

- Lijkt het druk?

- Duitse Herders hebben veel beweging nodig. Hoe zorgen ze ervoor dat Wolfgang zijn dagelijkse training krijgt?

- Zorg ervoor dat je ziet waar de dieren 's nachts verblijven. Ik vroeg eens om dat gedeelte van een pension te zien dat ik overwoog, en toen ze me niet in dat gebied wilden laten, schrapte ik die plek onmiddellijk van mijn lijst.

- Begrijp de kostenstructuur van het pension, en als er extra's zijn die je kunt kiezen die het verblijf voor je Duitse Herder beter maken, overweeg ze dan.

- Bepaal welke vaccinaties vereist zijn voor het verblijf. Een pension zou minimaal moeten eisen dat alle honden up-to-date zijn met rabiës, hondenziekte en parvo, evenals Bordetella.

- Heeft het pension een Facebook- of andere sociale mediapagina waar je kunt bekijken wat er over het bedrijf wordt gezegd?

- Hoe goed is de faciliteit bemand? Hoe zit het 's nachts?

- Wolfgang moet zijn normale dieet blijven volgen, dus zorg ervoor dat elk pension dat je overweegt je Duitse Herder zal voeren volgens jouw instructies en met het voer dat jij meebrengt.

- Informeer welke diergeneeskundige diensten beschikbaar zijn. Als je hond medische hulp nodig heeft, vraag dan of je eigen dierenarts kan worden ingeschakeld.

- Zodra je een pension hebt gekozen, zorg ervoor dat je een lokale noodcontactnaam en -nummer achterlaat. Dit moet iemand zijn die direct bereikbaar is wanneer nodig.

Het vinden van de juiste faciliteit is geen eenvoudig of gemakkelijk proces en je zult aanzienlijke onderzoekstijd moeten investeren om ervoor te zorgen dat je het goed doet. Het andere wat je moet overwegen als je vastbesloten bent om je Duitse Herder in een pension te plaatsen terwijl je weg bent, is een paar proefverblijven te doen voordat je voor langere tijd weggaat. Iets wat ik deed met Cody, mijn Duitse Herder, was hem naar een pension brengen voor slechts een dag om hem te laten wennen aan die specifieke locatie. Honden houden van vertrouwdheid.

Foto:
Theresa Christ

Thuisblijven

Er zijn nog een paar andere vakantieopties voor Wolfgang die je zou moeten overwegen. Ik heb altijd gedacht dat het houden van een hond in zijn vertrouwde omgeving zoveel mogelijk de angst vermindert die gepaard gaat met de afwezigheid van de eigenaar. Het inhuren van een oppas kan voor sommige mensen de beste optie zijn. Je kunt de oppas zelfs in je huis laten verblijven terwijl je weg bent. Laten we eens kijken naar enkele dingen die je moet overwegen bij het zoeken naar die perfecte vriend voor je huisdier.

De Juiste Match Vinden

Je weet dat je enkele kandidaten voor de baan moet interviewen. Dus, wat zijn de kwalificaties die je zoekt in iemand die voor Wolfgang gaat zorgen en in het familiehuis gaat verblijven? Het is best een persoonlijke opdracht als je erover nadenkt. Allereerst zou ik suggereren dat elke oppas die je overweegt ervaring moet hebben met grotere honden en vooral Duitse Herders. Duitse Herders zijn niet zomaar een hondenras en elke potentiële oppas moet begrijpen wat hen drijft. Ze zijn grote, actieve, intelligente honden, dus het inhuren van een oudere, meer sedentaire persoon is misschien niet het beste idee. Zorg ervoor dat elke mogelijke oppas een hondenliefhebber is, geen alleskunner. Hier is mijn voorgestelde lijst met overwegingen.

- Idealiter komt de oppas bij je thuis logeren. Op die manier kan je Duitse Herder zijn normale routine behouden.

- Zijn ze verzekerd en hebben ze een waarborgsom? Als dat zo is, nemen ze de zaak serieus, wat je kansen vergroot om met een professional te maken te hebben.

- Welke praktische ervaring hebben ze? Als ze zelf honden hebben gehad en betrokken zijn geweest bij training, is dat een pluspunt.

- Kunnen ze referenties en getuigenissen geven?

- Werk een dagschema uit met de potentiële oppas. Je moet bepalen of ze de eisen aankunnen die een Duitse Herder aan hen zal stellen.

- Zorg ervoor dat de persoon met wie je praat de persoon is die de hele tijd voor Wolfgang zal zorgen. Afwisselen met iemand anders is niet acceptabel.

- Zijn er aanvullende diensten die de moeite waard kunnen zijn om aan te schaffen, zoals verzorging en training?

- Is de oppas bekend met de positieve versterkingsstijl van omgaan met een uitdagend huisdier?

- Bepaal de beste manier om in contact te blijven met de oppas terwijl je weg bent. Sms, e-mail, telefoongesprek?

- Kun je updates krijgen terwijl je weg bent?

- Tot slot, wees voorbereid op een reeks vragen van elke goede huisdieroppas. Ze willen zoveel mogelijk weten over jou en je huisdier. Dat is ook het teken van een professional.

Zodra je je lijst met mogelijke huisdieroppassers hebt teruggebracht tot één die je leuk vindt, maak dan een proefrit. Een weekendje weg zal je vertellen of ze degene zijn op wie je kunt rekenen.

Het Beste voor het Laatst

Ik had een bijbedoeling toen ik mijn twee maanden oude Duitse Herder aan de buren voorstelde. Ik hoopte dat ze een band zouden opbouwen terwijl Cody opgroeide, zodat mijn Duitse Herder niet 'die blaffende hond van hiernaast' zou worden. En inderdaad, dat is wat er gebeurde. Het hielp niet dat de buurman als krantenjongen was gebeten door een Duitse Herder, maar tegenwoordig zijn Cody en de buurman beste vrienden. Raad eens waar Cody verblijft wanneer mijn vrouw en ik op reis gaan? Ja, bij de buurman. Als ik dit deel "Het Beste voor het Laatst" noem, meen ik het. Als je een familielid, vriend of goede buur hebt die voor je Duitse Herder kan zorgen terwijl je weg bent, is dat waarschijnlijk het beste van alle mogelijke werelden. De kans is groot dat als de persoon die op je huisdier past een persoonlijke band heeft met Wolfgang, je weet dat ze die extra mijl zullen gaan om ervoor te zorgen dat alles goed verloopt.

HOOFDSTUK 16
Het Ontbijt van een Hond

Ik sta in een lokale dierenwinkel en kijk de gangpaden op en neer. Overal is hondenvoer te zien. Enorme zakken droge brokken waar de meeste mensen hulp bij nodig zouden hebben om ze in hun auto te laden. Eindeloze schappen vol met duizenden blikken hondenvoer met een duizelingwekkende verscheidenheid aan kleurrijke etiketten. En de informatie op die etiketten!

- Omega-bron

- Voedingsrijk met aminozuren

- Graanvrij

- Bevat geen vleesderivaten, tarwe, maïs, soja

- Gemaakt in de VS met wereldwijd verzamelde ingrediënten

- Formule met scharrelkip

Als ik een beginnende hondeneigenaar was die dit allemaal zou zien, zou ik ontmoedigd en verbijsterd zijn. Ik wás een beginnende huisdiereigenaar. Ik wás ontmoedigd en verbijsterd. Een voedzaam dieet samenstellen voor je Duitse Herder hoeft niet overweldigend te zijn en het hoeft je ook geen fortuin te kosten. Je moet je wel realiseren dat wanneer je Duitse Herder niet de juiste balans van eiwitten, vetten en mineralen binnenkrijgt, hij ongezond kan worden. Je hond is van jou afhankelijk. Dus moet je enkele basisvragen stellen en beantwoorden om jou en je Duitse Herder in de juiste richting te wijzen.

Toen je je pup op dag één ophaalde, had de fokker Maggie gespeend en haar laten wennen aan droge brokken. Dat was gewoon de keuze van de fokker en had misschien net zoveel te maken met een sponsoring van een diervoedingsbedrijf als met iets anders. Hetzelfde geldt voor wat je dierenarts zou kunnen aanbevelen. De conclusie is dat welk voer je ook is aangeraden, het misschien prima is, maar wat wil jij eigenlijk doen?

Wat Is een Uitgebalanceerd Dieet?

Zet drie Duitse Herder-eigenaren in een kamer en je krijgt drie verschillende meningen over de beste manier om je Duitse Herder te voeren. Dus, dit is wat ik ga doen. Ik zal de opties schetsen, je vertellen wat ik doe, en dan kun jij uitzoeken wat voor Maggie de beste manier is om haar dagelijkse calorieën binnen te krijgen. En niet alleen calorieën, maar voedingsstoffen. Laten we beginnen met de basis.

Lap Het Op

Misschien, heel misschien, is hier één aspect van voeding waar alle hondenliefhebbers het over eens kunnen zijn. De meesten van ons staan niet veel stil bij water, maar als het om onze honden gaat, is H2O cruciaal. Duitse Herders zijn grote honden en hebben vanzelfsprekend meer water nodig dan de Pomeranian van tante Paula. Een volwassen, matig actieve Duitse Herder heeft ongeveer 30 milliliter water per kilo lichaamsgewicht per dag nodig. Warmer weer, meer beweging, meer water.

Wateradvies

- Vers water moet altijd beschikbaar zijn.
- Ververs het regelmatig.
- Dit klinkt misschien grappig, maar moedig je Duitse Herder aan om te drinken. Ze hebben veel aan hun hoofd, en ik denk dat ze soms gewoon vergeten om te drinken. Herinner ze eraan.

Het Basisdieet

"De meeste Duitse Herders doen het uitstekend op een uitgebalanceerd commercieel hondenvoer. Sommige honden kunnen voedselallergieën of speciale dieetvereisten hebben, maar door een goed gefokte hond te kiezen, kun je de meeste van deze problemen voorkomen."

Katie Halfen
Casamoko Shepherds

Dus daar staan we weer, in de dierenwinkel, starend naar de eindeloze rijen voorverpakte hondenvoeding. Als je besluit om je Duitse Herder uitsluitend met winkelvoer te voeden, zijn de meeste commerciële merken samengesteld om de basisvoedingsstoffen te leveren die Maggie nodig heeft. Veel merken zullen beweren dat ze voldoen aan de voedingsrichtlijnen van de Raad van Beheer op Kynologisch Gebied in Nederland. Dit zijn modelstandaarden die zijn opgesteld ter informatie en hebben geen regulerende rol. Regelgeving wordt afgehandeld door de verschillende gemeenten en de landelijke overheid. Blikvoer zal meestal de inhoud op twee manieren weergeven.

- Ingrediënten

- Gegarandeerde analyse

Als je een etikettenlezer bent, let dan op iets als het volgende in de ingrediëntenlijst. Stel dat je één blik hebt van twee even dure, op kip gebaseerde hondenvoeders. Het ene merk vermeldt als eerste ingrediënt kipfilet zonder bot. Het andere vermeldt als eerste ingrediënt kippenbouillon. Welke zou je mee naar huis moeten nemen? Ik zou suggereren dat degene die kipfilet zonder bot bovenaan vermeldt, waarschijnlijk meer waar voor je geld biedt. Lees de kleine lettertjes.

Blikvoer, of natvoer zoals het ook wordt genoemd, kan alles zijn wat je je Duitse Herder voert, maar tenzij je Maggies dieet op andere manieren aanvult, bijvoorbeeld met botten, krijgen haar tanden niet de training die ze nodig hebben om relatief schoon te blijven. Ik combineer natvoer en brokken voor de meeste maaltijden van Cody. De gedachte hierachter is dat de brokken zorgen voor wat schurende werking die nodig is om het tandsteen te verwijderen dat zich op het gebit van een hond kan ophopen.

Al die zakken droogvoer, of brokken, adverteren zichzelf grotendeels op dezelfde manier als het blikvoer, maar bij nader onderzoek zul je de brokken veel minder smakelijk vinden als je de ingrediënten leest. Droogvoerfabrikanten beweren ook te voldoen aan de AAFCO-voedingsniveaus; degene die ik voor me heb, vermeldt bijvoorbeeld maïs als het belangrijkste ingrediënt, gevolgd door kippenbijproductmeel en vervolgens brouwersrijst. Droogvoer vermeldt ook de gegarandeerde analyse. Die analyse zou er ongeveer zo uit kunnen zien.

- Ruw eiwit 23%

- Ruw vet 15%

- Ruwe vezels 3,9%

- Vocht 10%

Je moet wel wat onderzoek doen en de kleine lettertjes lezen, maar hier zijn enkele algemene voedingsrichtlijnen die je kunt volgen bij voorverpakt hondenvoer.

- Eiwit moet het eerste vermelde ingrediënt zijn en worden geïdentificeerd als een volledig vlees zoals rundvlees, kip of vis. Eiwit draagt bij aan spieropbouw en -onderhoud.

- Vet is nodig in het dieet van je Duitse Herder. Het helpt een gezonde vacht en huid te bevorderen. Het kan ook problematisch zijn voor sommige Duitse Herders. Hoewel de vetniveaus in nat- en droogvoer over het algemeen geen probleem zijn, kunnen Duitse Herders moeite hebben met het verteren van vet, dus als je het dieet van Maggie aanvult, kun je het beste vette voedingsmiddelen vermijden.

- Groenten en fruit. De meeste honden blijven eten wat ze als puppy hebben leren kennen. Daarom zijn wortel-etende, appel-consumerende, broccoli-kauwende honden niet ongewoon. Deze voedingsmiddelen geven hen ook een heleboel mineralen en vitaminen die ze anders niet in die vorm zouden krijgen. Groenten en fruit zijn goed voor de spijsvertering en uitscheidingsprocessen van het dier.

Om mijn gedachten over de in de winkel gekochte menu-optie af te ronden: een van de grootste nadelen is de prijs. Je krijgt in deze retailwereld vaak waar je voor betaalt, dus het betere voer voor Maggie zal waarschijnlijk ook het duurste zijn.

Een Rauwe Deal

Hier is een andere benadering voor het voeren van je Duitse Herder. Een groeiend aantal hondeneigenaren heeft hun pups op een rauw voedseldieet. Er zijn verschillende ideeën over hoe je dit kunt bereiken, maar hier is de hoofdgedachte: honden zijn vleeseters en hun systemen zijn ontworpen om rauw vlees en botten te consumeren. Hoe ziet dit dieet eruit? Hier is het, in zijn meest basale vorm.

Prooidier-model Rauw Voedseldieet

- 80% spiervlees
- 10% eetbare botten
- 5% lever
- 5% ander orgaanvlees

Sommige Duitse Herder-eigenaren verfijnen dit dieet nog verder. Ze volgen iets dat het Franken Prey-dieet wordt genoemd. Ze stellen vlees en delen van verschillende dieren en vogels samen, in de overtuiging dat het gezonder is om wat variatie in "prooi"-eiwit te hebben. Er is een derde groep eigenaren die hun Duitse Herders "hele prooi" voeren. Dit houdt in dat het hele prooidier in één keer wordt gevoerd. Het concept hier is dat alles natuurlijk is en in balans komt van dat ene item op het menu. Sommige rauwe voeders voegen Omega 3 toe aan het dieet van hun dieren, omdat ze geloven dat commercieel vlees dit vetzuur mist.

Rauwe Filosofie

- Rauw is natuurlijk
- Plantaardig materiaal is niet nodig voor vleeseters
- Supplementen moeten beperkt blijven

Er bestaat niet zoiets als de status quo in de hondenwereld en diëten zijn geen uitzondering. Terwijl we hebben gesproken over een strikt rauw dieet voor Duitse Herders, waarbij honden worden afgeschilderd als natuurlijke vleeseters, is er een andere groep eigenaren die denkt dat honden van nature omnivoren zijn. Vlees- en planteneters. Het voeren van honden volgens deze filosofie staat bekend als het BARF-dieet. Niet wat ik het zou hebben genoemd, maar goed.

BARF-aanhangers

BARF staat voor Biologisch Appropriate Raw Food (Biologisch Geschikt Rauw Voedsel). Ik wil niet dat dit hele hoofdstuk over rauw gaat, maar ik zou nalatig zijn als ik deze voedingsstijl niet zou vermelden. Waar de BARF-mensen verschillen van de strikt rauwe vleesvoeders, is dat het menu iets meer open staat.

- Naast vlees en botten bevat het BARF-dieet 10% groenten, fruit, zaden en noten. Voorstanders suggereren ook dat alle groenten of fruit worden gestoomd of gepureerd om de spijsvertering van de hond te helpen.

Wat Eet Je Daar?

Het is een vraag waar we allemaal mee te maken krijgen wanneer die grote Herder-ogen ons tijdens het eten aanstaren. Laat je Maggie mensenvoedsel eten? Wel, ik kan je vertellen dat er voedingsmiddelen zijn die mensen regelmatig consumeren maar die giftig zijn voor honden. Laten we die lijst nu eens doornemen.

Niet Voeren aan de Dieren

- Chocolade & Cafeïne (dat omvat cacaopoeder en bakchocolade)
- Druiven & Rozijnen
- Uien
- Alcohol
- Hop (te vinden in bier)
- Macadamianoten
- Walnoten
- Avocado
- Xylitol (een kunstmatige zoetstof die in verschillende snoepjes, bakkerijproducten en sommige pindakazen voorkomt)
- Gekookte botten (ze kunnen splintergevaar opleveren)
- Vette voedingsmiddelen, inclusief bacon en vetrandjes (ze kunnen alvleesklierontsteking veroorzaken)
- Appelpitten (ze bevatten kleine hoeveelheden cyanide)

Iedereen houdt van een zelfgemaakte maaltijd, Duitse Herders inbegrepen. Je hoeft ze geen tafelrestjes te geven; je kunt daadwerkelijk hun menu's plannen en ze voorzien van goede kwaliteit voeding, voedsel

Foto:
Eduardo De Luna

waarvan je weet dat het goed voor ze is omdat je het zelf hebt bereid. Ik ben nog niet in het stadium van complete maaltijdplanning voor Cody, maar ik koop wel vlees in de supermarkt en kook het om te mengen met zijn reguliere blikvoer en brokken. Als je besluit om de verantwoordelijkheid op je te nemen om voor je Duitse Herder te koken, moet je een voedingsplan hebben. Sommige dierenartsen kunnen je hierbij misschien helpen, maar het is misschien een beter idee om iemand te vinden die gespecialiseerd is in hondenvoeding.

Je kunt beginnen met Maggie een beter dieet te geven door iets toe te voegen aan een in de winkel gekocht menu. Hier is een voorbeeldlijst van enkele voedingsmiddelen om over na te denken, en onthoud, Duitse Herders houden van echt vlees. Ik zoek altijd naar de koopjes bij eiwitten die geprijsd zijn voor verkoop op dezelfde dag en kook het als ik thuiskom of vries het in voor latere bereiding.

- Gehakt of blokjes stoofvlees
- Lever (af en toe)

- Tonijn & zalm
- Kip
- Gekookte pasta. Het kan vermakelijk zijn om slierten spaghetti uit de mond van je Duitse Herder te zien hangen. Oké, het is soms rustig bij mij thuis.
- Gekookte eieren
- Rijst & aardappelen
- Gestoomde groenten

Ik bewaar kaas voor traktaties in kleine hoeveelheden. Cody heeft een rubberen traktatiebotje met gaten aan beide uiteinden dat hij 's avonds door het huis sleept op zoek naar een pindakaasuitdeling. Hij krijgt de meeste avonden een paar klodders. Er zijn miljoenen recepten voor zelfgemaakt hondenvoer op internet, maar je moet altijd je voedingssjabloon over elk recept leggen voordat je het fornuis aanzet.

Terug naar die grote Duitse Herder-ogen die je tijdens het eten aanstaren. Weet je, het is prima om honden wat tafelrestjes te geven, zolang je maar rekening houdt met hun gezondheidseisen. Ik stel voor om zoiets in Maggies bak te doen zodat ze het kan opeten. Je wilt niet vanaf de tafel voeren en eindigen met een eeuwige bedelaar. Het andere punt waar je rekening mee moet houden is het gewicht van je hond.

Gewichtscontroleurs

Als je vanaf dag één het gewicht van je Duitse Herder in de gaten houdt, heb je een betere kans om elke strijd tegen de kilo's te winnen die misschien moet worden gevoerd. Hetzelfde idee geldt voor je eigen taille.

Vetfeiten

- Het obesitaspercentage bij volwassenen in Nederland ligt rond de 14%. Dat is één op de zeven mensen.
- De meeste studies stellen het hondenobesitaspercentage op 50%. Dat is een verbijsterende één op de twee honden.

Uit die zwaargewicht cijfers kun je zien dat wat we onszelf aandoen, we ook onze honden aandoen. En dat is niet eerlijk. Er is een vrij standaard formule voor te zware Duitse Herders.

➢ Overvoeding + Gebrek aan Beweging = Obesitas

Die formule houdt geen rekening met eventuele medische problemen die Maggie zou kunnen hebben. Als je Duitse Herder aankomt en je levens- stijl niet substantieel is veranderd, is de eerste stap, zoals ik steeds weer heb gezegd, een medische check-up bij je dierenarts om een fysiek probleem uit te sluiten.

Als je een te zware hond hebt en je hebt de dader geïdentificeerd, ook wel bekend als de "persoon in de spiegel", dan kun je stappen onder- nemen om af te slanken. Eén ding dat Duitse Herder-eigenaren voor zich hebben, is dat Duitse Herders als ras over het algemeen geen gewichts- probleem hebben. Hoe kun je zien of je hond te zwaar is?

- Ga naar de praktijk van je dierenarts en laat Maggie op de weegschaal stappen. Dat geeft je een basisgewicht.

- Overleg met de dierenarts over het ideale gewicht van je hond.

- Gemiddeld wegen Duitse Herders tussen de 30 en 40 kilo.

- Bekijk je hond van de zijkant. Heeft ze een taille? Als de taille niet naar binnen loopt, is er een gewichtsprobleem.

- Laat je handen over haar ribbenkast gaan van voor naar achter. Als je geen ribben kunt voelen, is dat een ander waarschuwingsteken.

Een Stap Vooruit

Je kent de weg naar de praktijk van je dierenarts. Je zou er in je slaap naartoe kunnen rijden. Tijdens een van je bezoeken, overleg met haar over het ontwikkelen van een afvalplan voor Maggie. Je dierenarts houdt rekening met de leeftijd, algemene gezondheid en het aantal kilo's dat je Duitse Herder moet afvallen, en helpt je een dagelijkse, geleidelijke aan- pak te ontwikkelen voor een betere gezondheid. Het zal een calorielimiet per dag vaststellen. Dat plan kan inhouden dat je geleidelijk aan wat van het voer dat je hebt gegeven verandert. Het kan ook de manier verande- ren waarop Maggie heeft gegeten.

Etenstijden

- Als je een vrije-keuze-voerder bent geweest, zal dat waarschijnlijk moeten veranderen. Vrije keuze betekent dat er altijd voedsel bes- chikbaar is waarbij de hond kiest wanneer en hoeveel hij eet.

- Het is het beste om een voedingsschema op te stellen. Twee maaltij- den per dag is de conventionele aanpak, waarbij de porties strikt ge- reguleerd zijn.

- Je dierenarts kan ook een getimede voedingsaanpak suggereren. Dat vereist het plaatsen van het voer voor een bepaalde tijd, bijvoorbeeld dertig minuten, en het dan aan het einde van die tijd weer weg te halen.

- Traktaties zijn misschien iets dat je wilt elimineren of drastisch wilt verminderen.

- Als je Maggies dieet hebt aangevuld met restjes van menselijke maaltijden, zul je die gewoonte moeten schrappen.

Herinner je je de eerder genoemde overgewichtsformule?

➤ Overvoeding + Gebrek aan Beweging = Obesitas

Jij en de dierenarts hebben het overvoedingsgedeelte van de vergelijking aangepakt. Nu is het tijd voor jou en je Duitse Herder om het bewegingsgedeelte te implementeren. Gewichtsverlies moet, zoals je weet, een geleidelijk proces zijn. En je moet consequent zijn in je aanpak. Als je erover hebt nagedacht om een paar kilo's te verliezen, zou je er een teamproject van kunnen maken en een bewegingsprogramma kunnen ontwikkelen dat zowel jou als je Duitse Herder ten goede komt.

Rustig Aan

- Begin je bewegingsprogramma geleidelijk. Verschillende wandelingen van een kwartier (zeg drie om te beginnen) per dag. Misschien wat apporteren erbij, maar overdrijf het niet.

- Naarmate jij en Maggie schaduwen van jullie vroegere zelf beginnen te worden, kun je het tempo opvoeren. Ik zou ernaar streven om uiteindelijk een paar uur per dag te bewegen. Dat kan een combinatie zijn van wandelingen, balwerpen, touwtrekken, verstoppertje spelen en wat je verder nog kunt bedenken om in beweging te komen.

- Zwemmen. Als je je Duitse Herder het water in krijgt (wat de meeste trouwens heerlijk vinden), dan is dat perfecte lichaamsbeweging: licht belastend, ook voor honden met wat extra kilo's. Zoals altijd geldt: alles met mate.

Misschien, heel misschien, denken sommigen van jullie: "Weet je, dit klinkt allemaal geweldig, maar ik heb gewoon niet de tijd om dit allemaal te doen. Afvallen is een fulltime bezigheid en ik heb al een baan." Wel, overweeg deze ideeën.

- Laat andere familieleden de bewegingstijd met je delen.

- Draag bij aan de lokale economie. Huur een hondenuitlater in om Maggie mee te nemen en rond het blok te lopen.

- Binnentrainingen. Zelfs je Duitse Herder een paar keer de trap op en af laten gaan, zal bijdragen aan het verbranden van wat calorieën.

- Als je dichtbij genoeg woont, kom dan thuis voor de lunch, en een wandeling.

- Als je niet dicht genoeg bij huis woont om tijdens de lunch naar huis te komen, kun je je Duitse Herder dan meenemen naar je werk? Jouw pauzes kunnen Maggies pauzes zijn.

- Een bezoek aan het losloopgebied of aan de achtertuin van een hondenvriend kan goed zijn voor een stoeipartij.

Als je je Duitse Herder weer op een gezond gewicht brengt, zul je haar langer gezond houden, haar levensverwachting verhogen, en bovenal haar een betere kwaliteit van leven geven. Verdient niet elke Duitse Herder dat?

Mijn Tip

"Als je hond dik is, krijg jij niet genoeg beweging."

Onbekende auteur

Nu je je Duitse Herder er zo slank als een racewindhond uit laat zien, moet je nadenken over hoe je hem onweerstaanbaar verzorgd krijgt. Ik moet bekennen, mijn vrouw houdt onze Duitse Herder op zijn best, en dat loont. Nog maar onlangs, toen Cody en ik op de parkeerplaats buiten de dierenwinkel stonden, stopte een man, keek naar mijn Duitse Herder en zei: "Prachtig!" Dit kan jou ook overkomen, als je bovenop al het borstelen en knippen blijft dat gedaan moet worden. Je hebt een afspraak om de Herder Salon te bezoeken voor wat schoonheidstips in het volgende hoofdstuk.

HOOFDSTUK 17
Herdershondensalon

"Verharen kan verschillend zijn voor honden afhankelijk van of ze wel of niet gesteriliseerd of gecastreerd zijn. Duitse Herders verharen normaal gesproken twee keer per jaar, maar honden die gecastreerd of gesteriliseerd zijn, lijken veel vaker te verharen. Ik ben ervan overtuigd dat voeding en stress ook een rol spelen bij het verharen."

Doreen Metcalf
Timber Ridge Farm

Foto:
Marisa McEachern

Soms denken mensen dat de vacht-verzorging van een Duitse Herder alleen maar om borstelen draait. Hoewel dat zeker een belangrijk onderdeel is van het onderhoudspakket voor je hond, is het slechts één aspect. In dit hoofdstuk behandelen we alle andere aspecten van het gezond houden van je Duitse Herder, zoals baden, tandenpoetsen en nagels knippen, maar laten we beginnen met de prachtige dubbele vacht die standaard aanwezig is bij Duitse Herders.

Ik moet soms lachen wanneer ik op verschillende hondenfora de vraag lees: "Hoe kan ik ervoor zorgen dat mijn Duitse Herder niet verhaart?" Er is een vrij eenvoudig antwoord op die enigszins onschuldige vraag. Je kunt het verharen niet stoppen. Daarom worden ze liefkozend "Duitse Verharers" genoemd. Er zijn wel dingen die je kunt doen om hun haarverlies beheersbaar te maken, maar je zult altijd de occasionele haartumbleweeds door het huis zien rollen. Of het "zit er een haar in mijn mond?"-moment. Je hebt misschien wel eens die kleine bordjes in toeristenwinkels gezien met teksten zoals:

"In ons huis zijn hondenharen zowel een kruiderij als een mode-accessoire."

Er zit misschien wat humor in, maar het is ook een feit bij Duitse Herders. Geloof me, met een goede stofzuiger en consequente gewoontes van jouw kant is het allemaal beheersbaar. Er zijn een aantal dingen die je moet doen, en als je er dagelijkse klusjes van maakt, zul je je totale werklast verminderen.

Duitse Verharers

Wanneer je een Duitse Herder in huis haalt, krijg je dubbel zoveel haar voor je geld. De meeste mensen weten niet dat elke Duitse Herder twee vachtlagen heeft:

1. Een bovenvacht, degene die zichtbaar is voor het blote oog. Hier groeien de langere dekharen die individueel worden afgeworpen. Deze vacht beschermt de huid van de hond tegen vocht en vuil.

2. Een ondervacht, die relatief dicht is met korte haren en vaak in plukken wordt afgeworpen. Deze vacht houdt Duitse Herders warm in koud weer en koeler in warm weer.

Mijn Tip

> Scheer je Duitse Herder nooit. Hoewel sommige mensen denken dat het hen koeler maakt in warm weer, wordt de hond zonder het regulerende effect van zijn dubbele vacht juist vatbaarder voor zonnebrand en zelfs oververhitting.

Ga Ermee Om

Een van de manieren om het verharen van Crash onder controle te houden, is hem elke dag te borstelen. Op die manier verzamel je geleidelijk het losse haar. Een gezondheidsprobleem dat kan ontstaan door onregelmatig borstelen is vervilting in de ondervacht; dat kan leiden tot huidirritatie en infecties. Ik stel voor dat je de borstelsessies benadert als een leuk moment met je huisdier. Ik heb nog nooit meegemaakt dat een borstelsessie met Cody niet uitdraaide op een kleine worsteling, compleet met gekreun en halfslachtige pogingen om weg te komen. En dat is alleen maar de reactie van mijn vrouw als ze de hond borstelt. Nog iets om aan te wennen is dat een Duitse Herder twee keer per jaar zijn vacht 'afblaast'. En die term 'afblaast' wordt niet lichtvaardig gebruikt. Dit gebeurt één keer in de herfst, waarbij een dikkere vacht voor de winter wordt aangemaakt, en vroeg in de lente, waarbij de wintervacht wordt verloren in afwachting van het plezier en vertier in warmere temperaturen. Je zult vuilniszakken kunnen vullen met Duitse Herder-haar tijdens die weken van zwaar verharen.

Gereedschap van het Vak

"Ik gebruik graag een eenvoudige vachthark en een slickerborstel. Deze combinatie werkt geweldig: de hark haalt de dode ondervacht eruit en de slicker helpt het af te werken. Een krachtige hondenblazer is ook fantastisch om losse vacht te verwijderen. Maar wees voorbereid, het haar zal alle kanten op vliegen!"

Celeste Schmidt
Dakonic Duitse Herders

Er zijn verschillende artikelen die je leven een stuk gemakkelijker maken als het gaat om Crash een prachtig kapsel te geven.

- Ondervachthark. Dit ziet eruit als een kam met lange tanden en een borstelhandvat, waarmee je bij de dikke ondervacht kunt komen. Het gebruik ervan bij je hond is een soort massage en ze zullen ervan gaan houden.

- Verzorgingskam. Dit is een stalen kam waarmee je specifieke gebieden fijner kunt doorkammen.

- Penborstel. Dit is een zeer zachte borstel die voornamelijk wordt gebruikt voor de bovenvacht. Ze kunnen tweezijdig zijn, met kortere en langere pennen aan tegenovergestelde kanten.

Denk eraan om zachtjes te borstelen. Als je een pluisvachtige of langharige Duitse Herder hebt, besteed dan extra aandacht aan de staart en de bovenkant van de poten. Het lange haar op de bovenkant van de poten en tussen de tenen kan zeer gemakkelijk vervilten als het wordt verwaarloosd. Als je consequent dagelijks borstelt, kan het in tien minuten klaar zijn. Zoals bij alle routines voor Duitse Herders, zodra ze gewend zijn aan de onderhoudssessie, zou het zonder problemen moeten verlopen. Het andere wat ik je zou willen herinneren, is om met je Duitse Herder te praten tijdens elke activiteit die je met hem doet. Ze zullen eindeloos naar je luisteren en zelden tegenspreken.

De Zeldzame Bader

Duitse Herders hebben niet veel baden nodig. Sterker nog, de regel bij ons thuis is dat Cody meestal pas gewassen wordt als hij zo naar hond ruikt dat het gênant wordt. De theorie hierachter is om de essentiële olien in de vacht, die helpen de vacht gezond te houden en de huid niet uit te drogen, niet weg te wassen.

- Wanneer je je Duitse Herder baadt, zorg er dan voor dat je een hondenshampoo gebruikt. De meeste hebben een neutrale pH die is ontworpen voor de huid van een hond.

- Zoek er een met natuurlijke ingrediënten en vochtinbrengende stoffen. Wij gebruiken er een die havermout bevat.

- Als je Duitse Herder een huidaandoening heeft, is het het beste om een dierenarts te raadplegen voor eventuele medicinale shampoo die nodig kan zijn.

Het is belangrijk om hier te vermelden dat wanneer je hond een huidprobleem heeft, dit direct gerelateerd kan zijn aan het voer dat hij eet. Crash kan allergieën hebben, en een verandering in dieet zou de sleutel kunnen zijn tot het verlichten van huidproblemen. Het voeren van hoogwaardig voer aan je Duitse Herder zorgt ook voor een gezonde vacht en huid.

Foto:
Celeste Schmidt
Dakonic GSDs

Kniptips

Veel mensen zijn geïntimideerd door het idee om de nagels van hun hond te knippen. Sterker nog, ik ken mensen die naar een van de grote dierenspeciaalzaken of hun dierenarts gaan elke keer dat een pootpedicure nodig is. Als je begint wanneer je Duitse Herder nog een pup is en zorgt dat je een paar nageltangen van goede kwaliteit hebt, kun je de klus zelf klaren. Je hond zal het knippen van zijn nagels misschien nooit leuk vinden, maar Duitse Herders zullen leren het te verdragen.

- Je zult de nagels van Crash regelmatig moeten knippen. Het is goed om ze elke week te controleren. Als je een klikkend geluid op de houten vloer hoort wanneer je hond rondloopt, is het tijd.

- Knip elke sessie een beetje. Veel Duitse Herders hebben zwarte nagels en je zult niet kunnen zien waar het leven begint. Het leven is een klein gebied met bloedtoevoer en zenuwen naar de nagel. Als je dat per ongeluk doorsnijdt, zal het bloeden.

- Zorg ervoor dat je een soort bloedstelpend poeder bij de hand hebt om het bloeden te stoppen als je een fout maakt.

- Vergeet de wolfsklauw niet. Deze bevindt zich aan de binnenkant van elke poot.

Tandverzorging

Terwijl je puppy opgroeide, heb je waarschijnlijk veel tijd besteed aan het vermijden van zijn bek. Al dat kauwen en bijten kan na een tijdje vermoeiend worden. Nu ga ik zeggen dat je speciale aandacht moet besteden aan Crash's tanden. Of hij nu wel of niet op botten kauwt, of tandverzorgingssnacks eet of niet, je hond zal nog steeds hulp nodig hebben bij zijn mondhygiëne. Net als bij mensen, als je nu niet met de tandplak omgaat, zul je er later zeker mee te maken krijgen.

- Als je je niet hebt bekommerd om de tanden van je Duitse Herder en ze professioneel moet laten reinigen, kan dat wel achthonderd euro kosten. Je hond moet mogelijk ook onder algehele narcose voor de procedure. Daar wil je niet naartoe.

Begin vroeg in het leven van je Duitse Herder en laat hem eraan wennen dat je dingen in zijn mond gaat steken, inclusief je vingers. Welk hulpmiddel je ook besluit te gebruiken, je moet er gewoon mee aan de slag.

- Er zijn allerlei soorten hondentandenborstels op de markt. Sommige hebben schuine borstelharen die kunnen helpen bij een diepere reiniging.

- Je kunt zelfs een borstel krijgen die over je vingertop past als je denkt dat dat beter voor je werkt.

- Er zijn tandendoekjes voor honden beschikbaar. Sommige zijn gemaakt met baking soda, dus het is een vrij natuurlijke manier om de tanden van Crash te reinigen.

- Gebruik alleen tandpasta voor honden. Allerlei smaken, waaronder onze huisfavoriet, pindakaas.

- Je kunt baking soda gebruiken in plaats van tandpasta als je je hond zover kunt krijgen om mee te werken.

- Een andere manier om je zuurverdiende geld uit te geven en te helpen met de tandplak van je Duitse Herder is om hem tandverzorgingssnacks aan te bieden. Veel ervan beweren slechte adem te genezen. Ik laat jou daarover oordelen.

- Nog een herinnering. Droog voer, brokken, zorgt voor enige schurende werking op de tanden van je hond.

Je kunt de tanden van je Duitse Herder in een paar minuten poetsen zodra Crash het programma begrijpt. Ik stel voor om aan het einde van de dag te poetsen, wanneer je Duitse Herder moe is en zijn weerstand misschien niet zo sterk is.

- Besteed je tijd aan de buitenkant van de tanden, waar de meeste tandplak zich ophoopt.

- Concentreer je om dezelfde reden op de boventanden.

- Houd je borstel idealiter in een hoek van 45 graden en gebruik cirkelvormige bewegingen.

- Spoelen is niet nodig.

Laat me dit gedeelte afsluiten met een statistiek van de Koninklijke Nederlandse Maatschappij voor Diergeneeskunde.

Op driejarige leeftijd hebben de meeste honden al tekenen van tandvleesaandoeningen.

Je hond hoeft niet een van de ongelukkigen te zijn. Als je een minimaal doel stelt om drie keer per week te poetsen, is dat waarschijnlijk niet meer dan je aankunt.

Foto:
Tricia Ansell

De Ogen Hebben Het

De ogen en het zicht van een Duitse Herder zijn beslist een van de wonderen van de natuur. Om te beginnen zijn Duitse Herders niet kleurenblind. Ze kunnen veel tinten grijs, blauw en geel zien. Rood en groen wat minder. Ze hebben een uitstekend nachtzicht en een veel breder gezichtsveld dan wij, waardoor Duitse Herders bewegende objecten beter kunnen volgen dan mensen.

Gelukkig hebben Duitse Herders relatief weinig zichtproblemen. Je ziet misschien af en toe wat slijm in de ooghoek, maar dat is niets wat een snelle veeg met een schone, vochtige doek niet kan verhelpen. Als je iets meer dan een beetje slijm opmerkt, aarzel dan niet om je dierenarts te bezoeken.

Speel Het Op Het Gehoor

Het controleren van Crash's oren is een integraal onderdeel van het verzorgingsproces van de Duitse Herder. De oren worden vuil door de dagelijkse slijtage, vooral tijdens de zomer. Er is een oorverzorgingsoplossing verkrijgbaar bij je dierenarts die je kunt gebruiken voor onderhoud. Knijp gewoon wat van de vloeistof op een schoon wattenbolletje en veeg de binnenkant van het oor schoon.

- De grote boosdoener voor de oren van een Duitse Herder is water. Als Crash gaat zwemmen en water in zijn oren krijgt, is dat een potentieel probleem. Het water verandert de pH-balans in het oor en kan de basis leggen voor infectie. We gebruiken nu de door de dierenarts geleverde oorverzorgingsoplossing in Cody's oren na elke zwembeurt, nadat we een oorontsteking hebben doorgemaakt.

- Een indicatie dat Crash een oorprobleem heeft, is veel hoofdschudden en oorkrabben. Als dat een tijdje aanhoudt, is een bezoek aan de dierenarts op zijn plaats.

De oren van je Duitse Herder moeten wekelijks worden gecontroleerd. De oorplossing is relatief goedkoop en moet altijd bij de hand worden gehouden. Het kan je veel verdriet besparen. Het goede aan de rechtopstaande oren van een Herder is dat ze minder vatbaar zijn voor problemen in vergelijking met rassen met hangende oren.

In het volgende hoofdstuk behandelen we enkele basisgezondheidsproblemen voor je Duitse Herder. We bespreken veel van de ongedierte en ziekten die je kunt tegenkomen. Maar maak je geen zorgen, ik zal je niet alleen problemen geven, ik zal ook enkele oplossingen bieden.

HOOFDSTUK 18
Basale Gezondheidszorg voor de Duitse Herder

Laten we teruggaan naar de basis met dit hele hondengebeuren. Nou ja, misschien naar stap twee. Stap één is dat je Schatzi mee naar huis neemt. Stap twee is dat je een dierenarts voor Schatzi moet vinden. Wacht even, waarom heb je eigenlijk een dierenarts nodig? Er bestaat een denkwijze onder sommige hondeneigenaren dat dierenartsen als beroepsgroep, hoewel ze een essentiële dienst verlenen en goed werk doen, honden en andere dieren te vaak willen zien. En tijdens die frequente bezoeken zouden ze te veel tests, vaccinaties en medicijnen voorschrijven. De gedachte hierachter is de veronderstelling dat dierenartsen dit doen omdat het een lang gevestigde manier is om hun inkomsten te verhogen. Ik ga niet te veel tijd besteden aan deze denkwijze, maar ik wilde het wel onder je aandacht brengen. Zoals ik eerder al zei, onderzoek is de beste vriend van een Duitse Herder-eigenaar als het gaat om uitzoeken wat voor jou het beste is.

Dit wil ik zeggen over de "te veel dierenarts"-theorie. Iedereen mag zelf beslissen hoe vaak en om welke redenen ze naar de dierenarts gaan. Maar ik denk niet dat iemand risico's wil nemen met de gezondheid van zijn hond.

Aanbevelingen van de Raad van Beheer

Hier is een lijst van vaccins die de Raad van Beheer op Kynologisch Gebied in Nederland aanbeveelt voor je Duitse Herder.

1. Hondenziekte
2. Mazelen
3. Para-influenza
4. Rabiës
5. Hepatitis
6. Parvo

Daarnaast zijn er optionele vaccins beschikbaar die, afhankelijk van waar je geografisch woont, worden aanbevolen.

1. Bordetella
2. Coronavirus
3. Ziekte van Lyme
4. Leptospirose

Na de reeks puppyvaccinaties gedurende de eerste zestien maanden, beveelt de Raad van Beheer DHPP (hondenziekte, hepatitis, parvo

en para-influenza) en rabiësinjecties aan elke één tot drie jaar, afhankelijk van wat jij en je dierenarts verkiezen.

Vaccinose

Bij het bespreken van dierenartsen zou ik nalatig zijn als ik in dit deel
van het boek niet iets zou vermelden dat vaccinose heet. Dit is een aandoening die over het algemeen niet wordt genoemd door traditionele
dierenartsen. Vaccinose is een chronische aandoening die lijkt voort te
komen uit vaccinaties. De symptomen kunnen variëren van koorts en
haaruitval tot ernstigere verschijnselen zoals kanker en toevallen. Deze
symptomen vertonen zich meestal pas lang nadat er meerdere vaccinaties zijn gegeven. Er zijn holistische dierenartsen die veel kennis hebben over vaccinose, dus als je bezorgd bent over deze mogelijkheid bij je
hond, kun je het beste een dierenarts raadplegen die gelooft dat onnodi-
ge vaccinatie chronische ziekten kan veroorzaken.

Dus, ongeacht welk vaccinatieschema je kiest, je moet een doorlo-
pende relatie met je dierenarts hebben. Gewone dingen zullen zich voor-
doen. Oorontstekingen, diarree die niet overgaat, hotspots die niet genezen, de lijst is bijna eindeloos. Daarbovenop raad ik een jaarlijks bezoek
aan voor een Schatzi-controle, zelfs als je denkt dat alles in orde is. Op
zijn minst kun je tijdens dat jaarlijkse ritueel je Duitse Herder wegen en
je hond laten nakijken door getrainde, professionele ogen. De toegangs-
prijs tot de dierenartspraktijk koopt je wat gemoedsrust. Het heet ook
wel preventieve gezondheidszorg. Ik noem het een goed idee.

Wat Plaagt Je?

Een van de minst wenselijke dingen van het hebben van een Duitse
Herder zijn de ongenode gasten die ze soms mee naar huis kan brengen.
Daarmee bedoel ik zoiets als, laten we zeggen, vlooien. Ik krijg al jeuk door
alleen al dat woord te schrijven. Vlooien zijn meer dan alleen maar plaag-
geesten. De kleine bloedzuigers zijn een regelrecht gezondheidsrisico.

Vlooienziekte

Dit is waar een goede verzorgingsroutine een potentieel ernstig probleem in de kiem kan smoren. Je weet van de dubbele vacht van een
Herder, daar hebben we het al over gehad. Het is de ondervacht waar
we ons hier zorgen over maken. De ondervacht is voor vlooien wat de

Hole in the Wall-schuilplaats was voor Butch Cassidy en de Sundance Kid in het Wilde Westen. Zodra de vlooien zich daarin hebben verstopt, is het moeilijk om ze eruit te krijgen. Dus, als je de vacht van je Duitse Herder regelmatig borstelt en kamt, zou je vroeg bewijs van een vlooienplaag moeten kunnen opmerken, zoals vlooienpoep, die eruitziet als kleine zwarte vlekjes, of de kleine bedelaars zelf. Vlooien zijn klein maar zichtbaar met het blote oog en ze zullen springen als je ze opmerkt. Als je ze of tekenen van hen ziet, is dit wat je moet doen.

Vlooienfinale

Je moet vlooien op verschillende fronten aanpakken, maar laten we beginnen met de hond. Als je ziet dat je Duitse Herder veel kauwt, krabt en bijt, is de kans groot dat jij en Schatzi een vlooienfeestje organiseren.

- Gebruik een vlooienshampoo op je Duitse Herder. Dit zal de insecten tenminste tijdelijk uit de weg ruimen.

- Vervolgens moet je langdurige bescherming voor Schatzi regelen. Je hebt verschillende opties. Er zijn topische behandelingen zoals Advantix of Frontline, die met gehandschoende hand worden aangebracht op de achterkant van de nek van de hond. Producten zoals Bravecto en NexGard komen in een kauwbare tablet die één tot drie

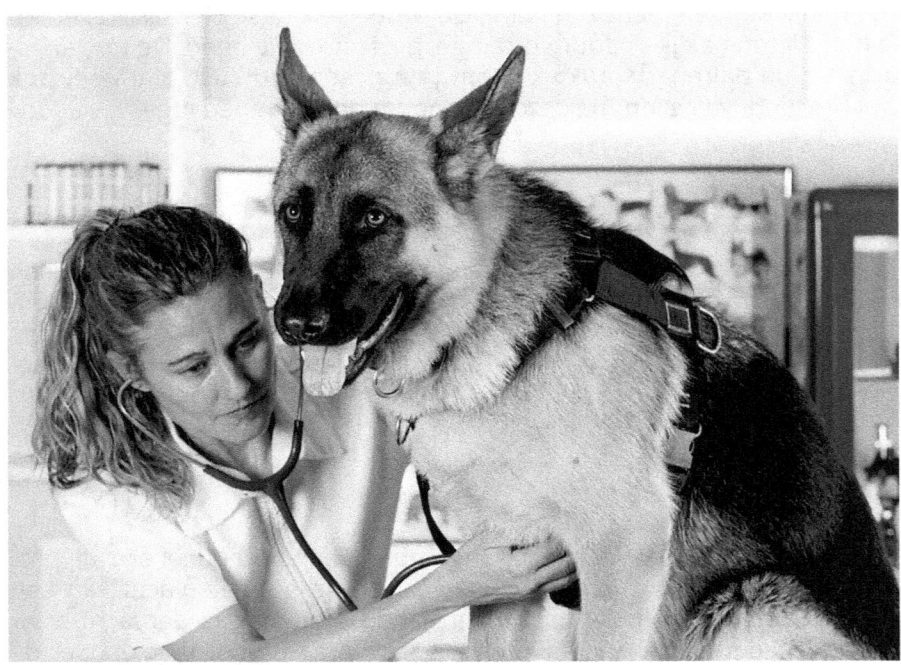

maanden werkt. Er zijn ook redelijk effectieve vlooienbanden op de markt. Je keuze moet gebaseerd zijn op wat volgens jou werkt.

• Je zou kunnen overwegen om je tuin te besproeien met een insecticide om eventuele bestaande vlooienpopulaties uit te roeien.

• Als de plaag al enige tijd gaande is, is de kans groot dat de insecten ook hun intrek hebben genomen in je huis. De levenscyclus van de vlo is zodanig dat zelfs als je de volwassenen hebt gedood, er eitjes en larven klaarliggen om je leven ellendig te maken. Je zult dan de binnenkant van je huis moeten behandelen.

Ziekten Afweren

Ik noemde al dat vlooien een gezondheidsrisico zijn en hier is waarom. De kleine parasieten kunnen grote problemen veroorzaken voor je Duitse Herder als ze niet worden aangepakt.

• Infecties. De insecten bijten en bijten en bijten. Je hond zal happen en kauwen en krabben, waardoor open wonden ontstaan die nare bacteriën toegang geven om hun duivelse werk te doen.

• Dermatitis. Sommige Duitse Herders zijn allergisch voor vlooienbeten. Deze allergische reactie leidt tot huidinfecties.

• Lintwormen. Ik krijg rillingen als ik hieraan denk. Honden bijten natuurlijk naar alle vlooien die ze kunnen bereiken en eten ze soms op. Als Schatzi een vlo inslikt die besmet is met een lintworm, dan is ze in de problemen.

• Pest. Vlooienbeten kunnen deze ziekte op je hond overdragen als de vlooien in contact zijn gekomen met een besmet wild dier.

• Bloedarmoede. Duitse Herders kunnen lijden aan een laag aantal rode bloedcellen, wat ernstige vermoeidheid veroorzaakt als ze te vaak door vlooien worden gebeten.

Tekenpraat

Teken vormen een veel ernstiger bedreiging voor je hond dan vlooien. De verschillende soorten teken zijn klein en als je ze onder een vergrootglas bekijkt, zien ze eruit als een langzaam bewegende, lelijke spin. Ze zijn misschien klein, maar ze kunnen een heleboel problemen veroorzaken voor je Duitse Herder als ze niet worden aangepakt. Teken zoeken, net als vlooien, naar bloed van je hond, maar in ruil daarvoor laten ze een verscheidenheid aan slopende ziekten achter. Dat is geen eerlijke ruil.

Veelzeggende Tekentekens

Teken zijn geniepig. Ik weet niet wat voor soort hersentjes ze hebben, maar je zult ze vinden wanneer en waar je het het minst verwacht. Ze komen voor in het grootste deel van Nederland, dus er is geen ontkomen aan de kleine spinachtigen. Ze kunnen niet op je hond springen. In plaats daarvan luieren ze op dingen zoals langere grassprieten en liften mee met Schatzi wanneer ze er langs strijkt. Hier lees je hoe je kunt zien of er teken in je buurt rondkruipen.

- Je kunt ze daadwerkelijk zien. Ik heb ze weleens op mijn kleding zien kruipen en een enkele keer op de vloer. Ze zien eruit als een klein stipje, maar ze bewegen langzaam, op zoek naar een plek om hun tanden in te zetten. Als je er een in huis ziet, is die waarschijnlijk met je hond mee naar binnen gereden.

- Wanneer je je Duitse Herder borstelt, kun je stuiten op wat lijkt op een kleine bult op de huid van je hond. Een nadere inspectie is dan nodig. Het zou een vastzittende teek kunnen zijn die nog aan het voeden is.

- Als Schatzi veel likt of kauwt, moet je beter kijken. Als je iets ziet wat op een korstje lijkt, kan dat ook een teek zijn.

- Als je Duitse Herder niet veel eetlust heeft en gewoon een beetje uit vorm lijkt, kan ze koorts hebben die verband houdt met een tekenbeet. Een belangrijke verdediging tegen teken is regelmatige, nauwkeurige inspectie van je hond.

- Een vastzittende teek blijft zich voeden en wordt langzaam groter tot ze zo groot wordt als een kleine vingernagel.

Er zijn verschillende manieren om teken te verwijderen, maar één ding om in gedachten te houden is dat je nooit je blote vingers moet gebruiken. Het uitknijpen van een teek kan meer giftige stoffen in het systeem van je hond sturen. Teken hebben een eendelig lichaam, dus bij het verwijderen is het belangrijk ervoor te zorgen dat je ze niet uit elkaar scheurt en de mond in je Duitse Herder achterlaat.

- Je kunt een pincet met stompe punt gebruiken. Pak de teek met de pincet zo dicht mogelijk bij de huid van je hond vast en trek voorzichtig omhoog in een rechte, continue beweging.

Mijn Tip

➢ We hebben in ons huis goede resultaten behaald met een zogenaamde tekenhaak. Het ziet eruit als een mini-koevoet. Met dit handige kleine gereedschap plaats je de punten aan weerszijden van de teek en draai je, terwijl je omhoog trekt.

Zodat je elke teek die je tegenkomt serieus neemt, zijn hier enkele van de complicaties die ze in het leven van je hond kunnen introduceren als ze de kans krijgen. En niet alleen in het leven van je hond. Het CDC (Centers for Disease Control and Prevention) rapporteerde bijna zestigduizend menselijke gevallen van tekenoverdraagbare ziekten in 2017 in de Verenigde Staten.

Door Teken Overgedragen Ziekten

1. Ziekte van Lyme. Symptomen zijn onder andere gebrek aan eetlust, lethargie, gewrichtspijn en kreupelheid. Antibiotica kunnen effectief zijn bij het behandelen van de symptomen.

2. Rocky Mountain Spotted Fever. Koorts, huidlaesies, gewrichtspijn en braken. Antibiotica kunnen helpen.

3. Canine Ehrlichiosis. Koorts, verlies van eetlust, neusbloedingen. Ook hier worden antibiotica voorgeschreven.

4. Canine Anaplasmosis. Naast koorts, braken en diarree kunnen honden toevallen krijgen. Antibiotica worden aanbevolen.

5. Canine Hepatozoonosis. Koorts, spierpijn, bloederige ontlasting. Kan vaak dodelijk zijn. Antibiotica worden gebruikt om deze nare ziekte te bestrijden.

6. Canine Bartonellosis. Koorts en kreupelheid. Als het niet wordt behandeld, kan de hond hart- of leverziekte ontwikkelen. Antibiotica moeten worden overwogen.

7. Canine Babesiosis. Bloedarmoede en braken. Antibiotica staan hier op de agenda voor behandeling.

Wormen en Parasieten

Bijna alle honden zullen tijdens hun leven wormen hebben. Sterker nog, de meeste puppy's beginnen hun leven ermee en moeten meerdere keren ontwormd worden in hun jonge leven. Hier zijn enkele van de kleine parasieten die letterlijk hun weg kunnen vinden in het leven van je Duitse Herder.

• Spoelwormen. Deze kleine diertjes kunnen worden aangetroffen bij honden van elke leeftijd. Puppy's kunnen ze krijgen van hun moeders en volwassenen kunnen ze oppikken door op besmette grond te liggen of door een klein dier te consumeren, zoals een muis die besmet is. Veel honden vertonen geen teken van infectie en een ontlastingsmonster, geanalyseerd door je dierenarts, kan bepalen of ze aanwezig zijn. De behandeling bestaat uit ontwormingsmedicatie die via de mond wordt gegeven. Deze parasieten kunnen ook mensen besmetten.

- Haakwormen. Deze darmparasieten vestigen zich in het spijsverteringsstelsel van je Duitse Herder. Ze leven in veel soorten grond en kunnen je hond bij contact besmetten. Omdat deze wormen bloedzuigers zijn, kunnen ze je huisdier diarree bezorgen en gewichtsverlies veroorzaken. Ontwormingsmedicatie wordt voorgeschreven.

- Lintwormen. Het zijn parasieten die zich hechten aan de darmen van de hond. Je kunt bewijs van hen vinden rond de anale zone. Ze kunnen eruitzien als rijstkorrels. Herinner je het vlooienadvies eerder in dit hoofdstuk. Als je een vlooienvrije operatie runt, verminder je de kans dat Schatzi een gastheer wordt voor deze bedreiging. Orale medicatie wordt voorgeschreven.

- Zweepwormen. Ze leven in de darmen van je hond. Zweepwormlarven kunnen worden gevonden in hondenuitwerpselen of omringende grond. Regelmatig opruimen na je hond zal de kans op zweepwormen beperken. Medicatie is beschikbaar.

- Hartwormen. Deze potentiële moordenaars leven in het hart en de longen van je huisdier en worden overgedragen door muggen. Volwassenen kunnen een lengte van dertig centimeter of meer bereiken. Vermoeidheid en kortademigheid zijn tekenen van infectie. Hartworm kan dodelijk zijn. Er zijn maandelijkse pillen en maandelijkse topische medicijnen die kunnen worden toegediend. Er zijn medicijnen beschikbaar die tegelijkertijd met meerdere wormbedreigingen omgaan.

Foto: Amy Fusco

Parasieten Vervolg

Op het risico af je volledig te deprimeren, moet ik nog een paar bedreigingen voor de gezondheid van je Duitse Herder noemen. Onthoud, het is beter om te weten waarmee je te maken kunt krijgen dan erdoor verrast te worden. Het is onwaarschijnlijk dat je hond met zorgvuldige en gewetensvolle zorg veel van deze ergernissen zal tegenkomen. Nog steeds bij me? Oké, nog een paar, dat beloof ik.

- Giardia. Een kleine parasiet die, ja, je raadt het al, in de darm van je hond leeft. Mijn hond, Cody, is een paar keer besmet geweest omdat hij soms vijverwater drinkt als ik niet goed genoeg oplet. Meestal is diarree het gevolg van deze infectie. Door de dierenarts voorgeschreven medicijnen die ongeveer twee weken worden ingenomen, zouden de zaak moeten opruimen.

- Oormijten. Kleine pestkoppen die de oren van je hond kunnen teisteren. Je kunt misschien een donkergekleurde oorwasachtige substantie in de oren zien die rauw en ontstoken kan worden. Oormijten zijn besmettelijk. Aanhoudend krabben is een aanwijzing voor hun aanwezigheid. Topische medicatie is beschikbaar en regelmatige reiniging van de oren is een must.

- Schurft. Een mijt die in de huid graaft, waardoor de hond dwangmatig jeukt. Krabben leidt tot het scheuren van de huid en er vormen zich korsten. Pleksgewijs haarverlies is ook een symptoom. Zeer besmettelijk als dieren in nauw contact zijn. Het knippen van de vacht kan nodig zijn voor behandeling. Gemedicineerde shampoo en orale medicatie kunnen worden voorgeschreven.

- Coccidia. Nog een darmparasiet. Hondenuitwerpselen en besmette grond zijn de schuldigen voor overdracht. Bloederige diarree is een gevolg van infectie. Je dierenarts kan medicatie voorschrijven.

Steriliseren, Castreren of Intact

Hier is een definitie van eenheidsworst voor je.

"Gekenmerkt door een gebrek aan originaliteit of onderscheidend vermogen."

Je vraagt je waarschijnlijk af waar ik naartoe wil. Nou, dit is iets waarover ik heel duidelijk wil zijn. Je kunt je Duitse Herder zeker steriliseren of castreren wanneer je maar wilt. Is het een goed idee om je huisdier vroeg in haar leven te steriliseren of castreren als je daartoe besluit? Het antwoord is nee. Moet je je Duitse Herder steriliseren of castreren? Het antwoord is nee. Dus, nu dat uit de weg is, laten we de voor- en nadelen bekijken van of en wanneer.

Lange tijd adviseerden dierenartsen dat alle honden op de leeftijd van zes maanden gesteriliseerd of gecastreerd moesten worden. Het was een harde en snelle regel. Waarom deden ze dit?

- Voorkomen van ongeplande nesten
- Vermindering van sommige gezondheidsrisico's zoals teelbalkanker bij mannetjes en levensbedreigende baarmoederinfecties bij vrouwtjes
- Vermindering van gedragsproblemen zoals agressie en zwerven

Nu zijn echter veel dierenartsen en fokkers afgestapt van de vroege sterilisatie en castratie, de eenheidsworst-aanpak. Ze raden aan dat Duitse Herders, als je überhaupt gaat steriliseren of castreren, pas geopereerd worden als ze veel ouder zijn, ergens tussen de zestien en vierentwintig maanden, of ouder. Waarom? Er zijn verschillende redenen, sommige specifiek voor het Duitse Herder-ras.

Foto:
Andrea Liu

Uitgestelde Sterilisatie of Castratie

- Duitse Herders bereiken pas hun volledige fysieke volwassenheid als ze twee jaar of ouder zijn.

- Steriliseren of castreren vóór fysieke volwassenheid verhoogt het risico op gewrichtsaandoeningen zoals heupdysplasie en ligamentscheuren aanzienlijk.

- Verhoogde kans op urine-incontinentie bij vrouwelijke Duitse Herders die vóór één jaar oud zijn gesteriliseerd.

Vroege sterilisatie of castratie verwijdert de geslachtshormonen uit het lichaam van de hond. Onderzoekers geloven dat de geslachtshormonen een regulerende rol spelen in het groeiproces. Zonder het testosteron of oestrogeen zullen honden langer worden dan normaal met langere ledematen. Daar komen de gewrichtsproblemen in beeld.

Iedereen zal zijn eigen beslissing nemen op basis van individuele omstandigheden. Mijn Duitse Herder is vijf jaar oud, intact, en ik heb geen problemen met hem gehad. Hij is niet overdreven agressief en "zwerft" niet. We zijn verantwoordelijk als we met hem uit zijn en hij wordt nauwlettend in de gaten gehouden, maar hij heeft ons nooit reden tot zorg gegeven. Dus, ik stel voor dat je de eenheidsworst-aanpak weggooit. Overleg met je dierenarts en doe wat het beste is voor je gezin.

Je Kansen Spreiden

Voordat we hals over kop over huisdierenverzekeringen gaan praten, laten we het over geld hebben. Als je een Duitse Herder aanschaft, zullen er aanzienlijke financiële uitgaven zijn. Verwacht dus niet dat je Schatzi ophaalt en alleen maar voer en af en toe een speeltje koopt. Er zullen onverwachte kosten zijn, vooral bij de dierenarts. Dus Duitse Herders en discretionair inkomen gaan samen. Je moet alleen beslissen hoe je het uitgeeft.

Huisdierenverzekering is een bloeiende business. Het werkt grotendeels zoals elke verzekering werkt.

- maandelijkse premies
- eigen risico
- beperkingen in dekking

Bij het berekenen van hun premies houden de maatschappijen rekening met een aantal zaken.

- hondenras
- je geografische locatie
- type dekking
- leeftijd van de hond

Het is goedkoper om er vroeg in te stappen, dus als je acht weken oude Schatzi thuiskomt, wacht dan niet te lang om je besluit te nemen. Als je twijfelt en later wilt instappen en je Duitse Herder heeft een reeds bestaande aandoening, dekt je verzekeringsmaatschappij dat misschien niet. Je maandelijkse premies zullen stijgen naarmate je Duitse Herder ouder wordt, dus daar moet je rekening mee houden bij het bepalen of een huisdierenverzekering financieel gezien zinvol is voor jou. Bekijk het zo. Je kunt alles in één keer betalen zonder verzekering of een beetje per keer met een polis.

Hier is een alternatief voor verzekering, want er is nog een manier om jezelf financieel te beschermen tegen onverwachte medische kosten met je Duitse Herder. Je zou een bankrekening kunnen openen en elke maand een vast bedrag storten. Volgens de Consumentenbond geeft de gemiddelde hondeneigenaar bijna achthonderd euro per jaar uit aan dierenartskosten voor hun viervoeter. Dat zou je richtlijn kunnen zijn. Je moet wel trouw zijn in de stortingen, anders zet je jezelf gewoon op voor die grote rekening ineens zonder geldreserve.

We hebben een huisdierenverzekering voor Cody afgesloten toen hij een paar maanden oud was. Ik heb meerdere keren claims ingediend. Ik mopper over de stijgende premies naarmate hij ouder wordt, maar er is een term die ik heb zien rondgaan als het gaat over huisdieren en medische kosten. Het heet "economische euthanasie". Dat is wanneer eigenaren hun Duitse Herder moeten laten inslapen omdat ze de medische rekeningen niet kunnen betalen. Ik wil mezelf nooit in die positie bevinden. Jij wel?

HOOFDSTUK 19
Uitdagingen voor de Oudere Hond

Ik heb altijd gevonden dat honden van alle leeftijden enorm leuk zijn. Bewegingsmaatjes, dutjespartners, gespreksgenoten, etensfanaten, beveiligingsteamleden, noem maar op.Duitse Herders kunnen veel sociale rollen blijven vervullen naarmate ze ouder worden. Een van de beste dingen aan oudere honden is dat ze kalmer zijn, ze waarderen een vaste huiselijke routine, ze zijn nog steeds actief maar weten wanneer ze een pauze moeten nemen.

Toen ik begon met het schrijven van dit hoofdstuk over oudere Duitse Herders en wat mensen zouden willen weten over Herders in hun seniorenjaren, vond ik het moeilijk om te definiëren wat een senior Duitse Herder precies is. Net als bij mensen wordt de chronologische leeftijd van een Duitse Herder uiteindelijk bepaald door hoe gezond en fit ze zijn. Als we uitgaan van de gemiddelde levensverwachting van een Duitse Herder, tien tot dertien jaar, dan concludeer ik dat Herders gemiddeld ergens tussen de zeven en tien jaar de seniorenstatus bereiken. Elke hond is een uniek individu en verdient een beoordeling op basis van

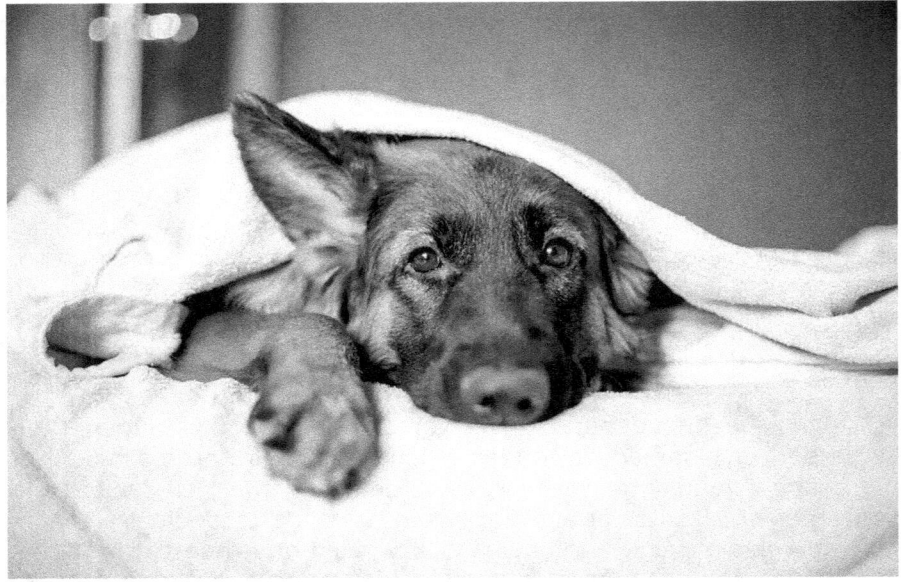

zijn fysieke en mentale conditie. Laten we het getallenverhaal nu rusten en verdergaan met enkele zaken waar je op moet letten naarmate Caesar ouder wordt.

Verzorgingsuitdagingen

"Er zijn veel genetische problemen in het ras, dus zorgvuldige gezondheidsscreening is belangrijk voordat de honden worden gefokt. Enkele van de genetische problemen die in het ras voorkomen zijn: heupdysplasie, elleboogdysplasie, aangeboren hartafwijkingen zoals SAS, VSD, epilepsie, mesenteriale torsie, maagtorsie/opgeblazen maag, exocriene pancreas-insufficiëntie, pannus, perianale fistels, schildklieraandoeningen en degeneratieve myelopathie. Voor sommige van deze ziekten zijn gezondheidstests beschikbaar en andere vereisen zorgvuldige screening en stamboomonderzoek door de fokker. Veel van deze genetische problemen zijn ongelooflijk duur om te behandelen of onder controle te houden en sommige zijn zelfs levensbedreigend."

Katie Halfen
Casamoko Shepherds

Allereerst wil ik enkele gezondheidszorgaspecten noemen die niet alleen betrekking hebben op oudere Duitse Herders, maar op Duitse Herders van elke leeftijd. Het is belangrijk om je hond regelmatig te controleren omdat deze aandoeningen plotseling kunnen optreden. Als je dingen vroeg ontdekt, kun je als een goede partner de levenskwaliteit van je hond nog vele jaren helpen behouden.

Maagtorsie

Dit is een ernstige aandoening die je hond relatief snel kan doden, maar met enkele eenvoudige routines kun je de kans hierop tot een minimum beperken. Bij deze aandoening raken lucht, spijsverteringsvloeistof en gassen opgesloten in de maag, waardoor de maag uitzet en vaak pijnlijk verdraait. Tijdens het draaien wordt de bloedtoevoer afgesneden. Dit is een noodgeval en onmiddellijke behandeling door de dierenarts is cruciaal. Om maagtorsie te helpen voorkomen, kun je de volgende lijst tot een dagelijkse gewoonte maken. Het risico hierop neemt helaas toe naarmate de Duitse Herder ouder wordt.

- Laat Caesar niet bewegen gedurende een uur voor het eten of een uur na een maaltijd.
- Verdeel de voedselinname van je hond over de dag. Grote maaltijden kunnen een probleem vormen.
- Duitse Herders drinken graag water, maar beperk de marathonslurpsessies.
- Simethicon, een middel tegen gasvorming, kan in noodgevallen aan honden worden gegeven om opgeblazenheid te verminderen. Dit is echter slechts een tijdelijke oplossing, en je moet alsnog diergeneeskundige hulp zoeken.

Exocriene Pancreas-Insufficiëntie (EPI)

EPI is een aandoening die bij Duitse Herders van elke leeftijd kan optreden. Deze ziekte verstoort de productie van spijsverteringsenzymen door de alvleesklier of belemmert het gebruik van die enzymen in het spijsverteringsstelsel. Tekenen dat je hond dit probleem zou kunnen hebben zijn braken, diarree, verhoogde eetlust en gewichtsverlies.

- De behandeling voor EPI bestaat uit een spijsverteringsenzym dat bij elke maaltijd aan de hond wordt gegeven voor de rest van zijn leven. Onderzoek suggereert dat EPI genetisch kan worden overgeërfd.

Degeneratieve Myelopathie

DM is een genetische aandoening die meestal honden van middelbare leeftijd of senioren treft. Deze neurologische ziekte resulteert in progressieve zwakte van de achterpoten die uitmondt in verlamming. Er is geen genezing of effectieve behandeling.

Osteoartritis (OA)

Dit wordt vaak gevonden bij Duitse Herders van middelbare leeftijd en oudere Duitse Herders. OA komt vaak voor bij dieren die hebben geleden aan heup- en elleboogdysplasie. Botuitsteeksels en verdikt gewrichtsweefsel veroorzaken pijn en stijfheid, waardoor de beweging van de hond wordt beperkt. Het gewrichtskraakbeen verslechtert geleidelijk en de aandoening is progressief. Je zou de vroege stadia van deze ziekte kunnen missen, maar als je denkt dat je hond vertraagt, gewoon niet zo actief is als hij was, let dan op tekenen van OA.

- Manken en pijnlijkheid
- Moeite met in de auto stappen
- Abnormale gang bij het lopen

- Problemen met opstaan na rust

Hoewel er geen genezing is voor OA, zijn er enkele effectieve behandelingen die helpen om de levenskwaliteit van je Herder relatief hoog te houden.

- Het gewicht van je hond laag houden verlicht de druk op de aangetaste gewrichten

- Fysiotherapie, waaronder warmte- en koudebehandelingen

- Acupunctuur

- Glucosamine en chondroïtinesulfaat kunnen ontstekingen verminderen

Perianale Fistel

Helaas het vaakst voorkomend bij Duitse Herders, een perianale fistel is een abnormale, pijnlijke opening in de huid rond de anus van de hond. Als deze niet wordt behandeld, kunnen deze fistels uitgroeien tot open wonden. Constipatie, herhaaldelijk likken aan het anale gebied en een vieze geur zijn mogelijke indicatoren van dit probleem.

- Operatie kan nodig zijn om de fistels te verwijderen

- Antibiotica kunnen nodig zijn om infectie te behandelen

- Zorgvuldige aanpassing van het dieet kan helpen de aandoening onder controle te houden

Ziekte van von Willebrand (vWD)

Dit is een bloedingsstoornis waarbij er een gebrek aan stolling is, vergelijkbaar met hemofilie bij mensen. vWD is een erfelijke aandoening. Er zijn verschillende symptomen die erop kunnen wijzen dat je Duitse Herder vWD heeft.

- Overmatig bloeden na verwonding of operatie

- Inwendige bloeding die zich uit als bloed in de urine of ontlasting

- Neusbloedingen en bloedend tandvlees

Bloedtransfusie is de belangrijkste manier om met vWD om te gaan. Sommige honden kunnen baat hebben bij schildkliersupplementen als ze een te traag werkende schildklier hebben.

Pannus

Pannus is een immuungerelateerde aandoening die het hoornvlies of het heldere deel van het oog van de hond aantast. Het verschijnt eerst als roodheid en vervolgens raakt wat bekend staat als het "derde ooglid", of de hoek van het oog, gezwollen en ontstoken. Het zal meestal beide ogen aantasten. Als het niet wordt behandeld, zal Pannus blindheid veroorzaken.

- Steroïde oogdruppels worden aanbevolen
- Vermijd ultraviolet licht

Behandeling is geen genezing, maar stopt meestal de progressie van de ziekte.

In Leven Blijven

Ik weet dat ik je net heb gebombardeerd met een hoop informatie. Het kan een beetje deprimerend zijn als we het niet in context plaatsen. Al die ziekten en aandoeningen die ik in het eerste deel van dit hoofdstuk heb opgenomen, bestaan en ja, ze treffen sommige Duitse Herders. Maar de kans is groot dat jouw hond, als hij van een verantwoordelijke fokker komt, niet zal worden getroffen door een van de erfelijke ziekten. Sommige andere kunnen vrij goed worden beheerd als ze vroeg worden ontdekt.

Naarmate je Duitse Herder zijn meer volwassen jaren ingaat, zijn er een aantal dingen die je kunt doen om Caesar te helpen omgaan met de lichamelijke veranderingen die het ouder worden met zich meebrengt. Laten we beginnen met voeding.

Voeding Eerst

Oudere honden hebben een tragere stofwisseling. Dat is een feit. Dat betekent dat het menu waarmee ze tot nu toe hebben gewerkt, misschien niet meer geschikt voor ze is. Wanneer ze een minder actieve levensstijl beginnen te krijgen, moet je, na controle op eventuele medische problemen, nadenken over het geleidelijk veranderen van het voer en de traktaties die dagelijks in je huis worden aangeboden. Sommige dierenartsen geloven dat zwaardere, te dikke honden sneller verouderen dan slankere dieren. Dat is iets om over na te denken bij het plannen van voeding.

- Hoogwaardige eiwitten. Caesar heeft nu meer dan ooit goed eiwit nodig in deze levensfase. Duitse Herders zijn vatbaar voor spierverlies naarmate ze ouder worden, dus toegang tot kwaliteitseiwit is een must.

- Gemakkelijk verteerbaar voedsel. Als een goede kwaliteitsanalist moet je de in- en uitvoer van het spijsverteringsstelsel van je Herder controleren. Mensen hebben me soms vreemd aangekeken terwijl ik de poep van mijn hond onderzoek, maar dat moet je echt doen. Grote, slappe, stinkende ontlasting zijn tekenen dat Caesar de voedingsstoffen in zijn voer niet goed benut. Tijd om iets anders te proberen.

- Koolhydraten. Honden hebben niet veel koolhydraten nodig. De meeste commerciële hondenvoeding bevat er te veel van. Overtollige koolhydraten kunnen bijdragen aan gewichtstoename, dus het nauwlettend in de gaten houden van de hoeveelheid in het dieet van je Herder naarmate hij ouder wordt, is een goede zaak. Traktaties ontsnappen hier niet aan de koolhydratencontrole, dus let ook op hoeveel zoete aardappelkluifjes je uitdeelt.

- Calorieën, punt uit. Ik wil niet obsessief bezig zijn met gewicht, maar als oudere honden minder bewegen, en als dat hen vatbaar maakt voor gewichtstoename, dan moeten de totale calorieën op je controlelijst staan. Commerciële voeding die op de markt wordt gebracht voor senioren kan calorierijk of caloriearm zijn, afhankelijk van het merk, dus je moet het etiket lezen.

- Gebitsproblemen? Als je oudere Duitse Herder tandvlees- of tandproblemen heeft, moet je nadenken over het verstrekken van zachter voedsel. Harde brokken kunnen soms bestaande gebitsproblemen verergeren. Sommige commerciële voedingsmiddelen pronken met hun voordelen voor de mondgezondheid. Vraag je dierenarts om een mening hierover.

- Gewrichtssupplementen en vetzuren. Mensen nemen ze en je oudere Duitse Herder kan er ook baat bij hebben. Het toevoegen van glucosamine en chondroïtine aan het dieet van een hond kan helpen bij stijve gewrichten gerelateerd aan artritis. EPA- en DHA-vetzuren kunnen ontstekingen helpen verminderen.

Klimaatbeheersing

Wanneer je hond jonger is, besteed je niet noodzakelijkerwijs veel tijd aan het nadenken of de hitte of kou hem stoort. Ja, hij moet misschien de schaduw opzoeken of de airconditioning ingaan en je wilt Caesar niet te lang buiten laten op een winterdag. Maar als je bent zoals ik, ben je niet gepreoccupeerd met klimaatbeheersing en je Duitse Herder. Een senior hond is een heel andere overweging.

- Oudere honden kunnen, net als oudere mensen, het vermogen verliezen om een constante lichaamstemperatuur te handhaven vanwege veranderingen in hun stofwisseling. Dat betekent bijvoorbeeld dat senior Herders in warm weer misschien niet die lange wandeling in de dertig graden hitte aankunnen. Uitdroging is ook een zorg. Hetzelfde geldt voor de kou. Je moet misschien een trui aantrekken bij die grote, stoere Duitse Herder.

De Straat Op

Beweging is altijd belangrijk in elke levensfase voor je hond. Je moet het misschien afbouwen naarmate de jaren vorderen, vooral als je senior Duitse Herder enkele gezondheidsproblemen heeft, maar het is belangrijk om bijvoorbeeld die dagelijkse wandelingen vol te houden. Je kunt nog steeds veel van dezelfde dingen doen, doe ze gewoon niet zo lang. Bekijk het zo: je arm is misschien af en toe minder pijnlijk door minder balworpen. Daar kun je mee leven, toch? Nog een paar woorden van advies.

- Verdeel elke bewegingsperiode in kleinere tijdsblokken. Dat geeft je oudere Duitse Herder tijd om te herstellen tussen activiteiten.

- Wees minder krachtig in je speelstijl. Laat bijvoorbeeld een beetje los tijdens het touwtrekken.

Het is een Gemoedstoestand

Naarmate je hond ouder wordt en vertraagt, kan een natuurlijke neiging zijn om hem soms achter te laten. "Hij is te langzaam" of "Het zal te lang duren" zijn bekende uitspraken van kinderen soms. Het is belangrijk om te onthouden dat oudere honden de stimulatie van een ritje naar de winkel of een rit naar het platteland net zo hard nodig hebben als jongere Duitse Herders. De picknicks, familiebijeenkomsten, feestjes in de achtertuin zijn allemaal kansen om Caesar te stimuleren en hem betrokken en gemotiveerd te houden. Terwijl het leven snel blijft bewegen en iedereen druk lijkt te zijn, vergeet je hond niet. Hem erbij betrekken zorgt voor een gezonde gemoedstoestand.

Je Duitse Herder Verzorgen & Dierenartsgesprekken

Het aanhouden van een frequente, regelmatige verzorgingsroutine is nog belangrijker naarmate je Duitse Herder ouder wordt. Oudere honden en hun verouderende immuunsysteem krijgen een boost als het regelmatige borstelen en kammen doorgaat, evenals het frequent wassen van zijn beddengoed. Senioren zijn misschien niet zo kieskeurig over hun persoonlijke hygiëne als vroeger, dus je kunt ze helpen door bovenop de zaken te blijven. De hands-on aanpak tijdens het verzorgen geeft je ook de kans om met je handen over het lichaam van je hond te gaan en veranderingen bij te houden die het waard kunnen zijn om onder de aandacht van je dierenarts te brengen.

En als we het over de dierenarts hebben, zou je moeten overwegen om dat jaarlijkse dierenartsenbezoek te verdubbelen. Elke zes maanden is nu een beter idee omdat het je een voorsprong geeft op eventuele gezondheidsproblemen die Caesar zou kunnen ontwikkelen. Je kunt ook met je dierenarts bespreken of sommige van de voorgestelde vaccinaties daadwerkelijk aan een oudere hond moeten worden toegediend. Rabiës is meestal wettelijk verplicht, maar je moet een openhartig gesprek hebben met je dierenarts over de andere. Het systeem van een oudere hond verdraagt de injecties en boosters misschien niet zoals hij dat als jongere hond deed.

Ouderdomskwalen

Het is geen gemakkelijke discussie om te voeren, maar naarmate je Duitse Herder ouder wordt, zou je met familieleden moeten praten over wat ik "onvermijdelijkheden" zal noemen. Daarmee bedoel ik enkele van de moeilijkheden en ziekten die je senior hond kan tegenkomen als hij de geriatrische fase van zijn leven binnengaat. Laat me enkele van de medische problemen doorlopen waar je mee te maken kunt krijgen.

Obesitas Alarm

Hoewel obesitas iets is waar je tijdens het hele leven van je hond op moet letten, is het nog belangrijker om er in de latere jaren aandacht aan te besteden. Elk extra gewicht dat je Duitse Herder met zich meedraagt, verhoogt de kans op hoge bloeddruk, hartziekte en osteoartritis. Sommige soorten kanker komen vaker voor bij te dikke en obese honden.

Kanker

Er zijn verschillende soorten kanker die vaker voorkomen bij Duitse Herders. Hemangiosarcoom is er een van. Deze ziekte manifesteert zich meestal als een tumor op de milt of hartspier. Operatie is soms mogelijk, maar de prognose is over het algemeen niet goed. Osteosarcoom is een botkanker die vaak voorkomt bij grote hondenrassen, waaronder Duitse Herders. Het komt meestal voor op de lange beenderen en amputatie is de voorkeursbehandeling.

Staar

Staar, of een vertroebeling van de ooglens, kan zich op elke leeftijd ontwikkelen, maar oudere honden zijn vatbaar voor de variant die op latere leeftijd optreedt. De aandoening ontwikkelt zich niet noodzakelijkerwijs in hetzelfde tempo in beide ogen. De vertroebeling begint meestal in het midden van het oog en verspreidt zich naar buiten, waardoor uiteindelijk het hele oog blind wordt. Operatie is een dure optie, maar heeft een hoog slagingspercentage.

Dementie

Je kunt het dementie of canine cognitieve disfunctie noemen, maar veel eigenaren merken de eerste symptomen van mentale achteruitgang misschien niet op.

- Caesar slaapt misschien niet zo goed als vroeger
- Er kan gebrek aan blaas- of darmcontrole zijn
- De hond kan vaker angstiger lijken
- Frequent ijsberen
- Blaffen en janken zonder duidelijke reden
- Verhoogde niveaus van agressie
- Verlies van eetlust
- Desoriëntatie, zelfs op bekende plaatsen

Wanneer je voor het eerst veranderingen in het gedrag van je hond begint te zien, is het een goed idee om aantekeningen te maken. Dat geeft je een tijdlijn en specifieke details wanneer je met je dierenarts praat. Er kunnen medicijnen worden voorgeschreven om te helpen omgaan met sommige van de symptomen.

Incontinentie bij Honden

Er kunnen veel verschillende redenen zijn voor deze aandoening bij oudere honden. Er zijn twee kanten aan deze aandoening.

1. Urine-incontinentie. Tekenen kunnen zijn: overmatige watercon-sumptie, druppelen van urine, grote hoeveelheden urineren, onder-broken stroming. Bovendien kunnen gesteriliseerde vrouwtjes meer kans hebben op urine-incontinentie door een gebrek aan oestro-geen. Medicijnen worden voorgeschreven om de aandoening te hel-pen beheersen. Soms kan ook een operatie nodig zijn. De meeste Duitse Herders reageren goed op de behandeling.

2. Fecale incontinentie. Tekenen kunnen zijn: ontlasten op ongepaste plaatsen, opgezette buik, gevoeligheid aan de achterkant, achterkant over tapijt of vloer slepen. Deze aandoening wordt vaak veroorzaakt door ruggenmergziekte en zenuwbeschadiging. Behandeling hangt af van de exacte oorzaak, maar de prognose kan optimistisch zijn.

Kwaliteit van Leven

Ik zal volledig eerlijk tegen je zijn. Dit is het gedeelte van De Complete Gids voor Duitse Herders dat ik nooit wilde schrijven. Omgaan met be-slissingen over het levenseinde van een van je meest geliefde familiele-den is extreem traumatisch. Er is de wens om vast te houden aan wat je hebt: je kunt je het huis niet voorstellen zonder die grote, oude hijgen-de hond die rondschuifelt, nagels die klikken op de houten vloer. Was hij vorig jaar niet nog een puppy? Maar de tijd komt altijd, vroeger of later, dat je jezelf de moeilijke vragen moet stellen. Als Duitse Herders dingen zouden kunnen verwoorden, zou het proces misschien een stuk gemak-kelijker zijn. Ook al kunnen ze niet met je praten, ze zullen je zeker laten weten hoe ze zich voelen. Maar je moet wel letten op de tekenen en het belangrijkste in de hele vergelijking is de kwaliteit van leven van Caesar. Je kunt altijd egoïstisch zijn en aan iets vasthouden, maar misschien, ge-woon misschien, is het tijd om los te laten.

Moeilijke Vragen

Als je jezelf enkele moeilijke vragen stelt, dan weet je dat er iets bui-tengewoons aan de hand is in het leven van je Duitse Herder. Misschien neemt hij niet zo enthousiast deel aan sommige routines waar hij zijn hele leven van heeft genoten. Ik kan me niet voorstellen dat mijn hond, Cody, niet achter de bal aan wil rennen of met al zijn macht probeert een touwtrekwedstrijd te winnen. Maar dat is wanneer de moeilijke vragen beginnen. Je kunt te maken hebben met een terminale ziekte bij je hond, of de nasleep van een ongeluk, of hij kan het einde van zijn leven nade-ren - dezelfde factoren spelen een rol bij je besluitvorming of het tijd is om afscheid te nemen.

Pijndrempel

Een van de belangrijkste indicatoren bij het beslissen of het tijd is om je hond te laten gaan, is hoeveel pijn Caesar heeft. Honden laten je niet altijd weten hoe slecht ze zich voelen. Dat komt omdat ze zich niets anders kunnen voorstellen dan het hier en nu, en als ze een vriendelijk gezicht de kamer zien binnenkomen, zullen ze waarschijnlijk met hun staart kwispelen, zelfs als ze veel ongemak hebben. Dus de bepaling van de pijndrempel is aan jou. Hier zijn enkele dingen om op te letten.

- Onevenredige hoeveelheid huilen of kreunen
- Ongecontroleerd beven
- Geen interesse in drinken of eten
- Zwaar hijgen
- Rusteloosheid

Buikgevoel

Dit is waar je jezelf en je hond moet scheiden. Wat goed is voor jou, wat goed is voor Caesar. Kom zo dicht mogelijk bij onpartijdigheid (het is niet echt mogelijk, maar stel je voor dat je het kunt) en kijk naar alle tekenen die je in het gezicht staren. Eet je hond, wat voor eetlust vertoont hij? Zelfs kieskeurige eters, zoals sommige Duitse Herders zijn, moeten eten, genieten van eten, tenminste af en toe. Als er geen plezier is tijdens de maaltijd, als de traktaties niet zoals gewoonlijk worden opgezogen, dan vertelt dat je iets. Gedragsveranderingen zijn een andere indicator. Als het dier niet veel lijkt te genieten, als er een gebrek aan enthousiasme is voor dingen in het algemeen, dan is dat een ander teken. En wat ze allemaal samenbrengt is je buikgevoel, je intuïtie. Ik ben een voorstander van praten met je hond. Ga zitten en voer een gesprek met hem. Soms helpt dat je om dingen in je eigen hoofd uit te werken. Luister naar wat je zegt. Luister naar wat zij zeggen.

De Beslissing

Als je eerlijk naar jezelf luistert en je beseft dat je Duitse Herder veel pijn heeft, dan heb je een deel van je antwoord over loslaten. Dat is wat je hond voelt. De andere kant daarvan is hoe jij je voelt. Weten dat het de juiste beslissing is, is soms niet genoeg. Je moet in staat zijn om jezelf los te maken, om tegen jezelf te kunnen zeggen dat loslaten het juiste is om te doen. Om de zaken ingewikkelder te maken, heb je misschien allerlei mensen die hun mening geven, waaronder familieleden, en zij hebben het recht om deel uit te maken van de discussie. Maar ze kunnen je niet schuldig laten voelen. Hopelijk kun je tot een collectieve beslissing

komen, maar als dat niet lukt, moet je nog steeds afgaan op wat je buik-gevoel je vertelt dat het juiste is om te doen.

Ten slotte zul je in de mix moeten opnemen wat je dierenarts je ver-telt. Als zij een bepaalde behandeling voorstelt, moet je daar sterk reke-ning mee houden. Als zij adviseert dat het tijd is om Caesar te laten in-slapen, dan moet je dat overwegen. Er zal altijd een heleboel schuld en verdriet zijn, dat is normaal. De bottom line is doen wat je buikgevoel je vertelt dat het juiste is om te doen. Niemand kan je helpen met die beslissing.

Omgaan met Verdriet

Wanneer de beslissing om je Duitse Herder te laten inslapen wordt genomen, kun je een sluipend gevoel van verlies voelen, verdriet dat zich installeert, nog voordat Caesar weg is. Ik geloof niet in de zogenaamde vijf fasen van rouw die Elisabeth Kübler-Ross beroemd maakte. Zij theo-retiseerde dat we allemaal door verschillende "fasen" gaan tijdens en na de dood van een geliefde.

1. Ontkenning
2. Woede
3. Onderhandelen

4. Depressie
5. Acceptatie

Ik denk dat de meesten van ons onze eigen tijdlijn volgen. Je kunt enkele van de vijf fasen in volgorde of uit volgorde ervaren, maar zeker nummer vier, depressie, zal door de meesten van ons worden ervaren. Ik weet niet zeker of ik ooit tot "acceptatie" zou kunnen komen.

Mijn hond maakt me een socialer wezen. Cody is mijn vertrouweling. Hij deelt geen van mijn geheimen, dus hij heeft mijn volledige vertrou-wen. Hij heeft ook de oplossing voor veel van de problemen in het leven. Meestal houdt dat in dat we een lange wandeling maken en aan niets an-ders denken dan aan het voorbijgaande landschap. Dus hoe gaan we om met ons verdriet wanneer dat grote Duitse Herder-gezicht er niet meer is om ons te helpen door het leven te navigeren?

Laat Het Gebeuren

De eerste dagen van het leven na je Duitse Herder zullen ongeloof-lijk moeilijk zijn en je moet ze gewoon laten gebeuren. Rouwen is een in-dividueel proces. Die gevoelens die je hebt waardoor je je wilt terugtrek-ken en uit het raam wilt staren, zijn volkomen natuurlijk. Maar terwijl je dat doet, moet je langzaam, misschien maar een beetje tegelijk, nadenken over wat er nu gaat gebeuren. Wat gaat er nu in je leven gebeuren?

- Zelfs als je denkt dat je in de nabije toekomst misschien een andere hond neemt, ruim dan dingen in huis op zodat je niet steeds de herinneringen aan een ontbrekende aanwezigheid hoeft te zien. De voer- en waterbak moeten nu worden opgeborgen, en het bed in de veranda moet worden opgeruimd. Je onteert de herinnering aan Caesar niet. Je wist zijn bestaan niet uit, je gaat gewoon verder.

- Schrijf jezelf een brief over je hond. Of schrijf gewoon een vrijelijk stromend verhaal over wat je maar wilt opnemen over het leven van je overleden huisdier. De kans is groot dat het een verzameling zal zijn van alle goede dingen, zelfs die late avonden met de huilende puppy toen hij voor het eerst thuiskwam. Dat zijn allemaal goede dingen en het kan je aan het huilen maken, maar dat is prima. Denk aan de positieve dingen.

- Erken dat verdriet gewoon een verlenging is van liefde voor je hond. Hij gaf je zijn liefde onvoorwaardelijk en hij zou blij zijn om te zien dat je genoeg van hem hield om om hem te rouwen. Ik zou hier beschuldigd kunnen worden van vermenselijking, maar het is gewoon wat ik denk.

- Je Duitse Herder gaf je een gevoel van doel terwijl hij leefde en er is ook een nalatenschap. Hij maakte je een sterker persoon door je te helpen omgaan met het leven. Dat is een cadeau dat hij je gaf en je moet vooruitgaan met dat geschenk.

Een van de beste dingen aan Duitse Herders is dat ze altijd in het heden leven. Op die manier missen ze nooit iets wat er om hen heen gebeurt. Ze lopen niet rond met hun hoofd in de wolken, denkend aan volgende week. Ze weten niet eens dat er een volgende week is. Dus, als je in het heden leeft, met de herinnering aan Caesar in je hart, kun je hem nooit verliezen. Je weet dat hij nog meer van je zou houden omdat je dat kunt doen.

Weet je nog wat ik je aan het begin van dit boek vertelde? Dat wanneer je een Duitse Herder-puppy mee naar huis neemt, je de rit van je leven tegemoet gaat? En dat ze van je zullen houden en je nooit zullen verlaten? Het is allemaal waar.

Mijn Tip

➤ Hou van je hond. Geef ze een knuffel van mij.

www.ingramcontent.com/pod-product-compliance
Lightning Source LLC
Chambersburg PA
CBHW071233130626
46556CB00003B/995

* 9 7 9 8 8 9 8 1 8 0 0 1 0 *